JM255651

萌える！インド神話の女神事典

三大女神

ヴェーダ時代の旧い女神

プラーナ時代以降の新しい女神

「萌える！インド神話の女神事典」INDEX

女神の化身

地方の女神

案内役のご紹介！

読者のみなさんをインド神話の世界にご案内する、3柱＋1羽の案内役をご紹介！

 うす、はじめまして、「マハヴィディヤ」メンバーのマータンギーです。ファンのみんなには「マタンギ」なんて呼ばれてます。ヴィシュヌＰ（プロデューサー）にはいつもお世話になってて……。

 （やっぱりＰ（パパ）って言ったわ！　聞き間違いじゃないのね！）は、はじめまして、ラクシュミーです。ヴィシュヌの妻をしています。……あの人とはよく会っているのかしら？

 いや、ヴィシュヌＰいそがしいみたいで、直接お話することはそんなにないかなー。今日はツアーの最終日だから都合付けてくれたみたいで。

 め、めったにお話もしないんですかっ！？なんてことなの、お相手の方はご存知なんでしょうか……（ぶつぶつ）

 なんか黙ってるとどんどんおもしろい方に転んでくなー。そのままにしておいたらどうなるんだろ？　おもしろそー！

いやーヴィシュヌＰの奥さんっておもしろいひとだねー。美人さんなのにワタワタしちゃって、かーわいらしいですなぁ。もうちょっとこの人をウォッチングしてみよー。

マータンギー

　今をときめくアイドルグループ「マハヴィディヤ」のメンバー。芸名はマタンギ。年齢は若干12＋一千万歳で、メンバーの最年少である。

　性格は「興味至上主義」で、おもしろいことを見つけると首を突っ込まずにはいられない。反面、興味がないことにはまったく無頓着で、やる気なさげな言動を隠そうともしない。

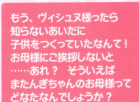

もう、ヴィシュヌ様ったら
知らないあいだに
子供をつくっていたなんて！
お母様にご挨拶しないと
……あれ？　そういえば
またんぎちゃんのお母様って
どなたなんでしょうか？

　美と豊穣と幸運の女神様。インド神話の世界でも評判の美人さんであり、清楚でのんびり気味、そしてかなりのおっちょこちょい。夫のヴィシュヌが近くにいないことが多いのもあり、いつも男性から言い寄られているが、本人は別の男性にはまったく興味がない模様。

ラクシュミー

よしよし、「マハヴィディヤ」は
よい仕上がりだったね。
これならツアーは大丈夫。
さあスパルナ、
次のステージに行こうじゃないか。

ヴィシュヌ＆
スパルナ

ヴィシュヌ様、
ラクシュミー様に
行き先をお伝えしなくて
いいんですか？

　インド神話の世界を守る、３柱の最高神のひとり。非常にりっぱな神様なのだが、収集癖と放浪癖があるのが困りもの。さわやかなイケメンで女性たちに非常に人気があるが、本人は妻のラクシュミーひとすじである。乗っているのは霊鳥「スパルナ」。ヴィシュヌの前任の神獣だった父「ガルダ」のあとを引き継ぐべく、周囲に見守られながら修行中。

またんぎちゃんの
お母さんを見つけよう！

またんぎちゃん、お願いがあります。
ヴィシュヌの妻として、またんぎちゃんのお母さんにご挨拶がしたいんですけど、お母さんに会わせてもらえませんか？

あー、なるほど。ただご期待には添えないかなーって。
いや実はね、私、お母さん知らないっすよ。
物心ついたころにはひとりだったしねー。

い、育児放棄っ！？

わわっ、急に大声ださないでよラクシュミーさん！

ヴィシュヌ様、
お母様と引き離したうえ
育児放棄なんてまずいですよ！
一刻も早く、
またんぎちゃんのお母様を
捜さなければいけません！

うわー、黙ってるだけで
どんどん話があさっての方向に
進んでいくねー。
ラクシュミーさんには悪いけど、
これは極上の見せものですなぁ。

こうしてマータンギーを産んだ女神を探すため、イ
ンド神話の世界をめぐることにしたラクシュミーと、
近くでそれを楽しむことにしたマータンギー。
はたしてラクシュミーは、マータンギーの母親を見
つけ出すことはできるのでしょうか？

ママ探しの旅
はじまりはじまり！

はじめに

「生まれ変わったら何になりたい？」

　日本人なら一度は聞いたことがあるであろう、この何気ない一言。ここには、「人間は死ぬと、魂が新たな肉体に宿って生まれ変わり、新しい人生をはじめる」という、インド哲学の中核をなす思想が詰まっています。

　インドは、われわれ日本人にとってなじみの浅い国ですが、実は中国経由で伝わった「仏教」を通して、インド人の考え方は日本文化に大きな影響を与えています。

　もし少しでもインドに興味があるなら、ぜひこの本を開いてみてください。
　そこには世界の人々を魅了してやまない、壮大な神話世界が広がっています。
　神々が本気を出すと世界そのものが崩壊するような、スケールの大きな物語。
　肌もあらわに男性を魅了する女神たち。
　そして、人間の心のあり方を模索し続ける深遠なインド哲学。
　その魅力は、きっとあなたを虜にするでしょう。

　本書はそのなかでも、インド神話を彩る魅力的な女神たちに焦点をあて、40組41柱の女神を美麗なカラーイラストで描きました。
　そして解説は、インド神話にはじめて触れる人でもわかりやすく楽しめるように書かれています。さらに書籍の冒頭と巻末には、インド神話のもっとも基礎となる知識をわかりやすく解説しました。

　我々はこの本によって、奥深く楽しいインド神話のファンがひとりでも増えることを願っています。
　この本を入り口にして、無限の広がりを持つインド神話の世界に飛び込んでいただければ幸いです。

凡例と注意点

凡例
　本文内で特殊なカッコが使われている場合、以下のような意味を持ちます。
　・『　』……原典となっている資料の名前
　・《　》……原典を解説している書籍の名前

人物の名前について
　本書で紹介する女神などの名前は、インド思想研究の権威である東洋大学教授、菅沼 晃博士の《インド神話伝説事典》での表記を基準にしつつ、名前の知名度などを加味して選択しています。

この本の読み方

それでは、これからお会いする女神様のプロフィールの読み方を説明しましょう。「娘：マータンギー」なんていうふうに書かれていないかどうか、目を皿のようにしてチェックするのですよ！

～データ欄の見方～

川のせせらぎのように美しく
サラスヴァティー

別名：サヴィトリー、ガヤトリー、スバガ　別表記：弁才天、弁財天　名前の意味：水流に富む女
配偶神：ブラフマー　ヴァーハナ：孔雀、白鳥など　出典：「リグ・ヴェーダ」

女神の名前

データ欄	**別名**……神の名前の別の呼び方
	別表記……仏教などの異教での名前表記
	異名……神の特徴や名声をあらわす異名
	名前の意味……その名前がどういう意味の言葉なのかを紹介
	配偶神……女神と結婚している男性神
	ヴァーハナ……神の乗り物となる動物　(➡p28)
	出典……女神が紹介された重要な文献

いいですか、またんぎちゃん。特に「配偶神」のところをじっくりチェックしてください。その方がヴィシュヌ様と結婚しているなら「配偶神：ヴィシュヌ」と書かれているはずですからね。

はーい、わっかりましたー。
（ほんとうに見つかるかもだし、がんばってチェックしようっと）

はい、とってもいいお返事ですよ。
それではこれより、またんぎちゃんのお母様を捜すためのインド神話女神めぐりの旅、はじめましょう！

まずは11ページから、インド神話の基本をチェック！

インド神話の基礎知識

　人類の歴史上有数の古代文明、インダス文明を生んだ国、インド。この地には古くから、独自の神々と、彼らが活躍する神話が伝えられてきました。
　数千年の昔から脈々と受け継がれ、今でも生きた神話として変化し続けているインドの神話。その基本中の基本を紹介します。

> インドの女神様に会うのですから、インドの神話について知らなければ始まりませんね。
> まずはインド神話について、ひととおりお話ししましょう！

はじめに確認! インド神話って何?

ママを探すのはいいんだけど、どうやって探せばいいのかわかんないなぁ。手がかりあります?

きっとお母様も名のある女神に違いありませんから、女神様と面会していけばそのうち見つかるでしょう。皆様に失礼のないように「インド神話」について予習しておきましょうね。

広い意味では…… インドに伝わる、神の物語

　文字通りインドに伝わる神々の物語である「インド神話」。ですが、"何をインド神話と呼ぶのか"について、明確な定義は存在しません。

　広い意味では、「インドとその周辺地域に伝わる神話」は、すべて「インド神話」ということになります。なぜならインドは、東西南北のうち北をヒマラヤ山脈、その他三方を海に囲まれた場所だからです。そのためこの地域には、インドの外側とは大きく違う、独自の文化が育っています。

イラン　中国　ネパール
インド
パキスタン　ブルネイ
スリランカ
バングラデシュ

現代の「インド共和国」以外に、もともとインドと一体だった「パキスタン」「バングラデシュ」、ヒマラヤ山脈の国「ネパール」「ブルネイ」、インド南東の島「スリランカ」などは、インド文化の影響を強く受けていますよ。

ヒンドゥー教の神々の物語

現代のインド周辺地域には、合計で 17 億人、たくさんの人間のみなさんが住んでいらっしゃいます。これだけ多くの人々がいらっしゃるから、みなさんが信じている宗教にもいろんな違いがあるんですよ。

かつてインドに存在した、有力な宗教

バラモン教

現代のインドで一番人気があるヒンドゥー教の前身となった宗教です。自然を神格化した神を信仰します。

土着信仰

インドの各地方には、地方ローカルの独自の神が数多く存在し、それぞれ個別の神話をもっていました。

仏教

バラモン教の身分差別を批判するブッダが、バラモン教の教えを修正して生み出した新しい宗教です。

ヒンドゥー教

バラモン教を発展させた新しい宗教。現代のインドでは多くの人々がヒンドゥー教を信仰しています。

ジャイナ教、シーク教など

仏教と同様、ヒンドゥー教への批判的な立場から生み出された新宗教です。

へー、インドってずいぶんたくさん宗教があるんだねえ。
17 億人もいるんだし、当然っていえば当然かー。

そうですね。そして私たちは、この宗教のなかですと主に「ヒンドゥー教」で信仰されています。狭い意味だと、インド神話とはこの「ヒンドゥー教」と、その前進「バラモン教」で作られた神話だと考えられていますね。

というわけで、ここからは狭い意味でのインド神話、「バラモン教」と「ヒンドゥー教」の神話について紹介していきます。
仏教、ジャイナ教、シーク教などのことは、とりあえず忘れていいですよ。

インド神話の神と種族

ここからは、狭い意味でのインド神話「バラモン教」と「ヒンドゥー教」の神話世界を紹介していきますよ。まずは神話の主役となる神々と、その仲間、敵について紹介しましょう。

神「デーヴァ」と、悪魔「アスラ」の争う世界

インド神話のお話は、わたしたち神々を中心に展開していきます。
でも、神々に対抗するライバルもいるんですよ。
それが「アスラ」と呼ばれている種族なんです。

　インド神話の主役であり、もっとも力ある存在は「デーヴァ」と呼ばれる神の一族です。このデーヴァのライバルであり、デーヴァに比肩する力を持つのが、「アスラ」と呼ばれる悪の種族です。インドの神話は、このふたつの種族、神と悪魔の対立を軸に展開していきます。

デーヴァ（神々）

　インドでは、神のことを「デーヴァ」と呼びます。ちなみに女神のことは「ディーヴィ」と呼びます。きわめて長命で、強大な呪力を有しています。
　この名前は「輝く」という意味で、神々が輝ける天空に住む偉大な存在であることを示しています。

VS

アスラ（悪魔）

　神々の敵であり、魔族とも呼ばれる悪の種族。強靱な肉体と呪力を持ちますが、神々に比べると寿命が短く、そのためか神話に登場するアスラは、話によって毎回個人名が異なります。
　日本でも、仏教の「阿修羅（あしゅら）」として有名です。

神と悪魔以外の多彩な種族

インド神話の物語には、デーヴァと人間とアスラのほかにも、いろんな種族が登場します。どんな種族がいるのか、ちょっとだけ紹介しちゃいますね。

精霊

自然を人格化した存在で、いくつかの種類が知られています。
アプサラス……水の女精霊
ガンダルヴァ……天と大気の精霊
ヤクシャ……森の精霊。富の神の眷属

悪鬼

アスラほど強力ではありませんが、人間や神々に敵対する種族は、彼らのほかにも存在します。
ラークシャサ……赤子をさらう夜の怪物
ピシャーチャ……人肉を喰らう悪鬼

半獣種族

人間と動物の中間のような外見を持つ種族。種類が非常に豊富です。
ナーガ……コブラ蛇と人間の中間
ヴァナラ……猿人間の種族
キンナリー……馬の頭を持つ音楽家

聖仙（リシ）

厳しい修行を繰り返した結果、高貴で偉大な存在に成長した者のことをこう呼びます。聖仙はおそらくは人間ですが、ときに神をも凌駕（りょうが）する力を発揮します。（➡p80）

インド神話に登場する各種族は、種族ぐるみで特定の勢力（デーヴァやアスラなど）に所属するというよりは、個人や家族単位でそれぞれの生活を営んでいます。物語などでは、同じ種族が敵味方に分かれて争うこともあります。

神様以外にも、ずいぶんいろんな種族がいるねえ。
お猿さんとか会ってみたいな〜。

この多彩な登場人物が、インド神話のおもしろさの秘密だと思いますよ！
いろんな種族がいますけど、大事なのはデーヴァとアスラの仲が悪いことと、デーヴァは人間の味方、アスラは人間の敵だということですね。

インド神話の基礎知識② インド神話の主要神

まずはインド神話で活躍する、神様のことを知っておきましょう。
インドの神話は男性の神様中心で進むものが多いのです。男性の神様のことを知ると、女神様のこともよくわかるようになりますよ♪

世界を運営する3柱の神

いよいよ、私のダンナ様の登場です！
インド神話の世界は、私のダンナ様「維持神ヴィシュヌ」と、同僚であるふたりの偉大なデーヴァの力で管理されているんですよ。

インド神話の世界は、誕生と破壊を繰り返す世界です。その長さは、1サイクルあたり86億4000万年というきわめて長いものです。この誕生と破壊のサイクルを管理しているのが、この3柱の最高神なのです。

創造神ブラフマー

東西南北の4方向を向いた顔を持つ神。宇宙や生き物の創造者であるとされ、シヴァが43億2000年前に破壊した世界をすべて最初から作り直します。

ブラフマーが作った世界を維持する

シヴァが破壊した世界を作り直す

3神による世界の運営

維持神ヴィシュヌ

ブラフマーがつくりあげた世界を維持し、守り、繁栄させる神。青い肌と4本の腕を持ち、さまざまな姿に変身して世界にあらわれます。

破壊神シヴァ

寿命が尽きた世界を破壊し、無に返すことを役目とする神。額に第三の目を持ち、世界を滅ぼすときは黒い肌の姿であらわれます。

寿命が来た世界を破壊する

ちなみに、3柱の神様のなかでインドの人たちに人気が高いのは、ヴィシュヌ様とシヴァ様のふたりです。
インド人の大半は、ふたりのうちどちらかを信仰しているそうですよ。

世界を守護する8柱の大神

 大事なのはブラフマー、ヴィシュヌ、シヴァの3人ってことね。Ｐってばえらかったんだ……とりあえずこの3人はおぼえとくけど、ほかには知っておいたほうがいい神とかいないの？

 雷神インドラ

3柱の最高神に次ぐ知名度と権威を持つ雷の神。聖仙の背骨からつくられた「ヴァジュラ」を武器に、さまざまな敵と戦う英雄神です。

 水神ヴァルナ

半人半蛇のナーガ族を部下として従える水神。本拠地はインド洋。水だけでなく、天空の神、法律と裁判の神という役割も持っています。

 火神アグニ

赤い体に炎の衣を身にまとった火の神。ヒンドゥー教の前身バラモン教では、供物を火で燃やして神に届けるため、アグニは非常に重要な神です。

 風神ヴァーユ

風を神格化した神で、雷神インドラとともに空を支配する神だとされています。神話では神聖な鹿に乗り、神々の使者として活躍します。

 太陽神スーリヤ

天空を駆けながら、すべての人間の行いを見張る太陽神です。天空の神ヴァルナが定めた空の道を、七頭の栗毛の馬が引く車に乗って進むといいます。

 月神ソーマ

ソーマは神々に捧げられる神酒「ソーマ」の守護神であり、同時に月の神でもあります。インドでは、月は神酒ソーマを満たす器だと考えられていました。

 愛の神カーマ

愛と性の神。サトウキビで作られた特別な弓を持っており、先端に花が飾られた愛の矢を打ち込まれた者は、誰かを激しく愛するようになります。

 工芸神トヴァシュトリ

技術と工芸の神で、インド神話世界に登場するさまざまな神の道具の製作者です。妊婦の胎内で赤ん坊の姿を決めているのもこの神だといいます。

 ほかにも、地下に埋まっている財宝を守護する財神クベーラ様や、象の頭を持つ人気者、商売と学問の神ガネーシャ様など、有名な神様がたくさんいます。知らない神様の名前が出てきたら、このページを読み直してくださいね。

インド神話の基礎知識③ インド神話はどこで読めるの？

インド「神話」っていうからには、お話なんだよね。
それじゃ、どこでお話を読めるわけ？

インドの神話はいろんなところに書かれていたり、語られていますね。その中身ははっきりいってバラバラなのですけど……特によくまとまっているいるのは「聖典」と「英雄物語」です。このふたつを押さえれば間違いないですね！

インドの神話は「聖典」と「英雄物語」のなかにある

「聖典」とは？

信仰のよりどころになる宗教文書「聖典」には、儀式で唱える呪文や、世界の仕組みや成り立ちが説明されています。具体的には以下の聖典に重要な神話が見られます。

『ヴェーダ』：最古の聖典

ヴェーダとは「知恵」という意味です。神々と付きあうための儀式の方法や呪文などが「知恵」であり、無数の文章化された「知恵」をひっくるめて「ヴェーダ」と呼んでいます。

『プラーナ文献』：宗教百科事典

『ヴェーダ』よりも新しい時代の宗教文献で、神話や儀式、法律や哲学などをまとめた、ヒンドゥー教百科事典と呼ぶべき内容です。

『法典』：神話で知る世界の仕組み

インド人が守るべき行動規範を定め、ルールが必要な理由を説明するために、神話が掲載されています。

「英雄物語」とは？

インドには、神が人間の姿で現世に生まれ出た「化身」（➡ p82）が活躍する英雄物語がいくつかあります。そのなかには英雄たちの活動と関係する、多くの神話が紹介されているのです。

インドでもっとも代表的な英雄物語は、以下にあげる2作品です。

『マハーバーラタ』

インドを代表する英雄物語です。

作品のテーマは「バーラタ族」という一族の戦いと繁栄。キリスト教の聖典である『聖書』の4倍という非常に長大な作品で、物語の途中でなんども主人公が代替わりします。

『ラーマーヤナ』

『マハーバーラタ』と並び称されるインドの重要な英雄物語。主人公はヴィシュヌ神の化身であるラーマ王子で、彼が奪われた婚約者シーターを取り戻すまでが描かれます。

いろいろ説明しましたけれど、一番大事なことはひとつです。
「ヴェーダ」は古くて、「プラーナ」は新しい。
これが特に大事なので、これだけは覚えておいてくださいね。

外国の方々から見ると、インドの社会というのはとっても奇妙に見えるそうです。
インド人のみなさんが持っている独特の価値観について、すこしだけ予習をしておくと、
神話や女神様の説明がわかりやすくなりますよ。

①インドの身分制度「カースト」

　インドには近年まで、人々を大きく分けて4段階の「四種姓（ヴァルナ）」に分ける身分制度「カースト制」がありました。

　カースト制では、異なるヴァルナが交わることを厳しく禁じています。結婚の禁止はもちろん、手を触れることすらタブーです。

　その理由は以下で説明する「輪廻転生（りんねてんせい）」の思想にあります。

4つのカーストと輪廻転生

神と一体化

三昧入定（さんまいにゅうじょう）　最終目標

解脱

穢れを減らせば来世で位階が上がる

穢れがたまると来世で位階が落ちる

① **バラモン（司祭）**
② **クシャトリヤ（王族、軍人）**
③ **ヴァイシャ（商人、職人）**
④ **シュードラ（労働者）**

動植物

アヴァルナ（不可触民）　この階級の人間は輪廻転生できません。

"穢れ"の原因
血液
分泌液
糞便
出産
宗教的悪徳　など

生前に受けた穢れで次の人生が決まる

②「穢れ（けがれ）」と「輪廻転生（りんね）」

　インド人は、死ねば生まれ変わると信じていました。生まれ変わり先は、生前に蓄積した「穢れ」の量によって決まります。人々は来世でより高い位階に到達するため、できるだけ穢れに触れないように日々を暮らします。

　穢れに触れる仕事は位階の低いシュードラ（労働者階級）やアヴァルナ（不可触民）の役目であり、バラモンやクシャトリヤなどの高位者は、来世での位階が下がらないよう、穢れている下級カーストの人々に触れないように過ごすのです。

萌える！インド神話の女神事典　目次

Column

三大女神
トリデーヴィー

Tridevīs

　インド神話の世界では、男性の神である創造神ブラフマー、維持神ヴィシュヌ、破壊神シヴァの３柱が、三神一体の「三大神」として篤い信仰の対象になっています。そして三大神の妻である女神も、「三大女神」として信仰されています。

　この章では手始めとして、三大女神に数えられる、インドでもっとも重要な３柱の女神を紹介します。

サラスヴァティー

川のせせらぎのように美しく

サラスヴァティー

別名：サヴィトリー、ガヤトリー、スバガ　別表記：弁才天、弁財天　名前の意味：水流に富む女
配偶神：ブラフマー　ヴァーハナ：孔雀、白鳥など　出典：『リグ・ヴェーダ』

実在した河川を神格化した女神

19世紀インドの著名な画家、ラヴィ・ヴァルマによるサラスヴァティー。

　インド神話の最高神である3柱の神には、それぞれ妻がいる。水の女神サラスヴァティーはそのひとりで、彼女は世界の創造神「ブラフマー」の妻である。

　サラスヴァティーは水と音楽と学問と幸運の女神であり、一般的に大きな蓮の花の上に座って、「ヴィーナ」という楽器を弾いている姿で描かれる。複数の腕を持ち、数珠や本を持った姿で描かれることも多い。

　紀元前5世紀の語源解説書『ニルクタ』によれば、サラスヴァティーは「川であると同時に神」とある。インドの人々は、天界に住む彼女の母乳が、地上に降りて川になると考えていた。川の流れは穢れを清め、農地に注いで作物を育てるのだ。なお、古い聖典『ヴェーダ』では、サラスヴァティーとは主要河川の名前だった。つまり実在する川が神格化されたのが彼女なのだが、このサラスヴァティー川は現存していない。

　神話によれば、サラスヴァティーは創造神ブラフマーによって光の中から作り出された。ブラフマーはみずから作った彼女に夢中になり、その美しい姿を一瞬たりとも見逃さないように、自分の顔を4つに増やしたという。つまりは創造神をもとりこにするほどの美しい女神だということができる。

弁財天として日本でもおなじみ

　インド神話の女神のなかで、日本でもっとも有名なのはサラスヴァティーである。なぜなら彼女は、インドで生まれた仏教を通じて日本に流入し、信仰の対象になっているからだ。宝船に乗った縁起物の神々「七福神」の紅一点「弁財天（べんざいてん）」は、サラスヴァティーと同一神格なのである。水、音楽、学問というサラスヴァティー発祥の力に加え、あらたに「財宝の神」という性質を与えられた弁財天は、いまや日本固有の神として、日本全国に神社を持つ人気者になっている。

うーん、インドの地図をめっちゃ見てるんだけど、どこにも「サラスヴァティー川」なんてないねぇ。「サルスーティー川」っていうのならあるんだけど……この川、海に届く前に砂のなかに消えちゃうんですなあ。

illustrated by ティカ

苦行者の妻もやっぱり苦行者
パールヴァティー

名前の意味：山の娘　配偶神：シヴァ　ヴァーハナ：トラ、ライオン、ナンディンなど
出典：『クマーラ・サンバヴァ』

シヴァ神の亡き妻の生まれ変わり

　黄金色の肌を持つ、穏やかで心優しい女神。パールヴァティーは破壊神シヴァの数多い妻のひとりであり、サラスヴァティーやラクシュミーと並んで、インドでもっとも人気がある女神である。彫像や宗教画に描かれる彼女は、たいていシヴァ神の隣か膝の上に座っており、乳房をあらわにしていることが多い。

　三大女神のなかでも、サラスヴァティーとラクシュミーは信仰する者にさまざまな加護を与えるが、パールヴァティーにはそのような直接的な恩恵を与える話は少ない。では彼女の何が偉大なのかといえば、インド神話きっての偏屈者であるシヴァ神の愛を勝ち取ったことそのものが偉大なのだ。

　神話によれば、パールヴァティーはシヴァの初めての妻「サティー」（→p60）の生まれ変わりである。シヴァはサティーを失った悲しみで発狂したのち心を閉ざし、いつ終わるとも知れない苦行の日々を送っていた。シヴァの妻となるべく神々の後押しを受けたパールヴァティーは、近くに行ってシヴァの気を引こうとするが、どれだけ待ってもシヴァはパールヴァティーの存在にすら気づかない。

　パールヴァティーは考えを改め、シヴァのもとを離れて、自分もありとあらゆる苦行をすることにした。すると彼女の元を別の苦行者がおとずれてシヴァの悪口を並べ立てる。パールヴァティーが怒って反論すると、苦行者は正体をあらわした……この苦行者は、パールヴァティーの愛を確かめるためにシヴァが変装したものだったのだ。彼女は苦行の果てに、シヴァの妻として認められたのである。

シヴァ神とその妻パールヴァティー女神の像。7世紀ごろの作品。サンフランシスコ州アジア美術館蔵。

仲むつまじい夫婦神

　シヴァとパールヴァティーの熱愛にまつわる物語は数多い。『バーガヴァタ・プラーナ』では、パールヴァティーが裸で夫の膝の上に乗っているところに突然聖者が入ってきて彼女を驚かせたため、シヴァが「これから予告なしに侵入してきたものは女の姿になってしまうだろう」と宣言したというエピソードがある。

パールヴァティー様のお肌はもともと黒かったのですが、のちに金色に変わったという神話もあります。理由を聞いてみたら、黒いお肌はシヴァ様からダメ出しをされてしまったということでした。

illustrated by Byte

幸運の女神はどこでも移り気

ラクシュミー

別名：シュリー、ジャラディジャー、チャンチャラーなど　別表記：吉祥天　異名：幸運の女神
名前の意味：幸福、幸運　配偶神：ヴィシュヌ　ヴァーハナ：フクロウ、ゾウ　出典：『リグ・ヴェーダ』

見目麗しき幸運の象徴

　三大神の一角であり、世界の繁栄を維持するヴィシュヌ神。その妻ラクシュミーは、美と幸運の女神である。信仰する者に多くの利益を与えるとされ、現代のインドでも大変人気がある。

　宗教画などに描かれるラクシュミーは、おおむね右の画像のように、赤い睡蓮の上に立った、4本腕の赤い衣を着た女性として描かれる。なかでも「ガシャ・ラクシュミー」と呼ばれる図式では、左右に2匹の象、4つの手にそれぞれ蓮華、霊水アムリタの入った瓶、ビルヴァの実、ホラ貝を持っている。

睡蓮の上に立ち、手にも睡蓮を持つラクシュミー。ラヴィ・ヴァルマ画。

　ラクシュミーが美と幸運の女神とされたのは、神話を書いた文献のなかでも比較的新しい、英雄物語『マハーバーラタ』『ラーマーヤナ』においてである。彼女はインド神話の重大イベント「乳海撹拌」の際に生じた、あるいは天地創造のときに蓮の花の上に乗って浮かんでいたという生い立ちを持つ、絶世の美女であった。彼女の美しさに世界中の男が虜となり、各々が彼女を自分のものにしようと躍起になるのだが、ラクシュミーは幸運のように移り気な性格で、男たちのアプローチをことごとくあしらい続ける。

　この美貌の女神を射止めたのは維持神ヴィシュヌである。ヴィシュヌは少し遅れて世界に顕現したのだが、ふたりは出会ったとたんにおたがいに一目惚れ、ヴィシュヌはたちまちのうちにラクシュミーを自身の妻にしたという。

幸運の女神は日本でも大人気

　日本におけるラクシュミーは、仏教と一緒に伝来した際に「吉祥天」と名前を変え、その信仰は現在でも続いている。「吉祥」とは繁栄や幸運を意味する言葉で、すなわち吉祥天は幸福、美、富を顕す神であり、五穀豊穣を祈られる存在だ。また吉祥天は美女の代名詞としても知られており、ラクシュミーは本来の属性ほぼそのままに仏教へと取り込まれた、ということがうかがい知れる。

10月末から11月頭にかけての5日間は、ラクシュミーさんのお祭り「ディワーリー」。夜の闇にロウソク、提灯、花火がたくさん上がる光のフェスティバル。実にげーじゅつてきですなー。

illustrated by C-SHOW

ヴィシュヌ様に聞く インド神話① 神の乗騎「ヴァーハナ」

ラクシュミーたちは楽しくやっているようだね。いいことだ。ここでは僕、ヴィシュヌが、ラクシュミーたちの冒険を楽しむために知っておくと便利な豆知識を紹介しよう。最初のテーマは僕ら神が乗る特別な動物、「ヴァーハナ」についてだよ。

インドの神には「ヴァーハナ」という、各々に対応した乗り物、または象徴となる動物（架空の動物も含む）が設定されており、神の性質の一部をあらわすものともされている。その対応例は以下のとおりだ。

インドの神と対応するヴァーハナの一例

ネズミ	：ガネーシャ
クジャク	：スカンダ、クマリなど
ゾウ	：インドラ、ラクシュミーなど
ガルーダ	：ヴィシュヌ、クリシュナなど
ヒツジ	：アグニなど
ライオン	：ドゥルガー、パールヴァティーなど

ネズミに乗るガネーシャ。

神の補佐役を務めるヴァーハナ

ヴァーハナには、主人である神の力を倍増させるという重要な能力が秘められている。

例えば右図では、戦いの女神ドゥルガーとともに戦う彼女のヴァーハナ、ライオンの姿が描かれているが、このヴァーハナの助力なくしては悪魔を打ち負かせなかった、と伝わっている。ほかにも大きなゾウの神ガネーシャは、巨体をもてあますため、細やかな働きをヴァーハナのネズミに任せているのだという。

悪魔を倒すドゥルガー。ヴァーハナも一緒に戦っている。Anant Shivaji Desai 画。

インドの神話には統一性がなくてね、文献ごとにヴァーハナが違うことが多いんだ。だから上の表に「○○など」って書いたわけ。まあ、多様性がインド神話の魅力ってことで勘弁してよ。

ヴェーダ時代の旧い女神

Devis of Vedic era

　　インド神話と神々への信仰は、3000年以上の歴史を持ちます。この章で紹介するのは、インド神話の歴史のなかでも比較的古い時代にあたる、紀元前1000年から紀元前500年ごろに広く信仰を集めていた女神です。

　　彼女たちの神話は、同じころに編集された教典『ヴェーダ』に書かれています。自然現象、地形、物品などを神格化した女神が多いのが特徴です。

ガンガー

秘術！ 転生式アンチエイジング

ウシャス

名前の意味：曙　配偶神：スーリヤ？　ヴァーハナ：黄金の戦車　出典：『リグ・ヴェーダ』

太陽の恋人、朝焼けの女神

　ウシャスは暁紅の女神、つまり朝焼けの女神だ。その名前は「輝く」を意味する"us"という言葉から出ており、ローマ神話の曙の女神アウローラと同一の語源である。なお彼女には、夜の女神ラートリーという姉がいる。

　彼女の姿は美しく若い女性、母の手で化粧された娘、沐浴からあがった女性、金銀や宝石で着飾った踊り子であると言われる。まばゆい白い衣をまとってキラメキを放ち、太陽の光線で化粧をしているという。

　ウシャスは太陽の神スーリヤの恋人、あるいは妻であり、太陽の運行に深く関わっている。彼女は毎朝太陽より先に、赤い馬、もしくは赤い牛の引く車に乗って東の空にあらわれると、夜の闇を払い、人間や動物を目覚めさせる。遅れて地平線に出現した太陽神スーリヤはウシャスのあとを追っていき、彼女を激しく抱きしめるが、そうすると彼女は消えてしまうのだ。

　一度は消滅するウシャスだが、翌日の早朝には生まれ変わった姿で東の空にあらわれる。この毎日の復活により、ウシャスは若々しい姿を保っているのだ。

ウシャスがもたらす恩恵の数々

　ウシャスは聖典『リグ・ヴェーダ』においてもっとも重要視されていた女神であり、20編もの讃歌が捧げられている。讃歌とは神々を讃える呪文のことで、そこには神の特徴に加えて、人々がウシャスに求める役割と恩恵が示されている。

　朝焼けの女神であるウシャスは、寝ている人間や動物を起こすことを求められる。ただし讃歌が目覚めを求めるのは、神々に供物を捧げている者だけである。讃歌は「供物を捧げないケチは、光のない闇の中で眠らせておけ」と歌うのだ。

　次に、ウシャスは夜の闇を払うと同時に災厄をしりぞけ、幸運を呼び込む。

　最後に、ウシャスは人間のもとに財宝、名誉、勝利などを運ぶことを期待されている。特に「財宝」「財富」という単語は、ウシャスの讃歌にしつこく感じるほど繰り返し登場しており、彼女の太陽神という特性と、金銀財宝のきらめきが、つながりのあるものとして意識されていることが読み取れる。

ウシャスさんの讃歌は、邪悪な霊を追い払う呪文として効果テキメン！夜の世界を暴れ回っていた悪霊が、朝の光を浴びて撃退される……。なんだか吸血鬼映画のノリですなー。

illustrated by リリスラウダ

夜闇を照らす女神のキラ星☆

ラートリー

異名：夜の女神　名前の意味：夜　出典：『リグ・ヴェーダ』

夜の女神は光の女神

　朝焼けの女神、太陽の神がいれば、もちろん夜の神もいる。夜の女神ラートリーは、朝焼けの女神ウシャス（➡p30）の姉であり、太陽神スーリヤとともに天空の運行を管理している神の一柱である。

　ラートリーの外見について明確に説明した文献は少ない。聖典『リグ・ヴェーダ』によれば、ラートリーはあらゆる美を身につけた女神であり、広大な空間を満たしている。夜空の星はラートリーの目であり、すなわち彼女自身が夜空そのものだと言えるだろう。ただし、ラートリーは夜の女神であるが、夜闇の女神ではない。『リグ・ヴェーダ』は彼女を「光明によりて暗黒を駆逐す」と紹介しており、闇ではなく、夜闇を払う星明かりこそがラートリーの本質なのだ。

　ラートリーは星明かりで夜空を照らし続けるが、しだいに輝きを失い、世界は闇に満たされてゆく。この記述は、夜明けが近づくと夜空が暗くなるという現象を神話的に解釈したものであろう。するとラートリーは、天空の支配権をバトンタッチする。暁の女神である妹ウシャスが東の空にあらわれて、暗闇を打ち払うのだ。このように、ラートリーは妹とのコンビプレーで、世界を闇の支配から守っているのである。

安息なる夜をもたらす

　『リグ・ヴェーダ』に収録された神々を讃える歌「讃歌」によれば、人々がラートリーに求めていることは「安息」の一点に集約される。

　まず、ラートリーが天空を覆って夜が来ることで、足のある者と翼のある者、すなわち動物と鳥は、家に帰って休息をとることができる。ただし、夜の自宅が危険なものであってはいけない。ここを見守るのもラートリーだ。彼女は星明かりで夜の世界を照らし、人類の天敵である狼の襲撃を防ぎ、また泥棒の侵入を防ぐのである。

　妹であるウシャスの讃歌が『リグ・ヴェーダ』に20編も収録されているのと比較すると、ラートリーの讃歌は『リグ・ヴェーダ』に1編しかなく、妹に比べて注目度の低い女神であることは否めない。だがラートリーがもたらす夜に安全があってこそ、人類はぐっすりと眠って明日に備えることが可能になるのだ。

夜の女神が光の女神って、ほかの国の神話を見てもめずらしいんじゃないでしょうか？　暗い夜だと、わずかな星の光にもすがりたくなるんですね……ええ、暗闇ってコワイですものね。

illustrated by 明地雫

空から女神様が降ってきた！
ガンガー

別名：バドラソーマ、バーギーラティーなど　別表記：ガンジス川　異名：母なるガンガー
名前の意味：行くに由来？　配偶神：シヴァ、シャーンタヌ　ヴァーハナ：ワニ　出典：『リグ・ヴェーダ』

聖なる大河ガンジス川の女神

　ヒマラヤ山脈から流れ出て、インド北部を西から東へ横切る大河、ガンジス川。聖なる川として崇拝されるこの川を神格化したのが、女神ガンガーである。彼女は山神ヒマーラヤの娘で、シヴァの妃パールヴァティーの姉妹とされる。神像などでは、自身のヴァーハナであるワニ「クンベーラ」の背中に直立した姿で描かれることが多い。また、肩に水瓶を乗せた姿をとることもある。

ワニに乗るガンガーの像。インド国立博物館蔵。

　ガンガーの役目は、罪や穢れを浄化することである。ゆえにインドに住むヒンドゥー教徒は、自分の身体に蓄積した罪や穢れを洗い流すために、ガンジス川の中に入って身体を洗う「沐浴」を好んで行うのだ。

　また、ガンジス川のほとりでは火葬も行われている。川の近くで亡くなった人はそこで荼毘に付されるのだが、ヒンドゥー教徒は遺骨に執着がなく、燃え残った灰と骨は聖なるガンジス川に流され、最後の最後まで浄化を受けるのだ。

女神ガンガーの地上降下神話

　いにしえの時代、ガンガーは天界を流れていたが、その流れが地上に降りて現在のガンジス川になった。その経緯が英雄物語『マハーバーラタ』で語られている。

　とある国王が聖仙の怒りに触れ、6万人の王子をすべて焼き殺されたうえ、遺灰と魂が地中に閉じ込められてしまっていた。王は必死の苦行をおこない、その結果天界の聖なる川ガンガーを地上に降ろして、魂を清めることを許された。

　しかし、ガンガーが天界から地上に飛び降りれば、その衝撃で地上が割れてしまう。そこで白羽の矢が立ったのが偉大なるシヴァ神であった。シヴァは神々からの依頼で、天空から飛び降りたガンガーを、自身の髪の毛で受け止めたのである。

　この神話から、インドに存在するシヴァ神像のなかには、シヴァの髪の毛のなかに小さな女神ガンガーがかたどられたものも存在している。

ガンジス川は聖なる川だから、水浴びすれば清められる！　でも最近のガンジス川は、ゴミだらけでかなりバッチくなっちゃいました。ま、わたしゃそんなのぜんぜん気にしませんけどねー？

illustrated by みそおかゆ

プリトヴィー

別表記：プリティヴィー、地天　名前の意味：地　配偶神：ディヤウス、ヴィシュヌ
ヴァーハナ：牛　出典：『リグ・ヴェーダ』

ヴェーダ時代の旧い女神

夫婦でひとつの天地神

　現代のヒンドゥー教の神話では、世界のすべては、ブラフマーという創造神に生み出されたことになっている。だが聖典『ヴェーダ』に代表される古い時代の神話では、世界と神々を生み出したのは天空神と大地の女神の夫婦神だった。この天空神をディヤウス、大地の女神をプリトヴィーという。

　大地といえば黒や茶色、緑色のイメージがあるが、聖典『リグ・ヴェーダ』によれば、プリトヴィーは「白く輝く女神」なのだという。彼女は万物を産んだ母であり、それゆえにメス牛に例えられることもある。太陽やオス牛に例えられる夫ディヤウス

インドネシアの首都ジャカルタにある独立記念塔「モナス」に飾られたこの像は、歴史上の女王、あるいは女神プリトヴィーをかたどったものだとされる。

とともに万物を養い、供物と祈りを捧げる者に、財産、食物、雨、成功を与えるという。

　このようにプリトヴィーと天空神ディヤウスは、夫婦でひとつの神といえるほど密接な関係があり、片方が単独で神話に登場することは少ない。2神を同時に呼ぶための「ディヤーヴァープリトヴィー」という専用の名前まで持っている。

旧き女神の失墜

　もともとは夫婦一組だった2柱の神だが、時代が進むにつれて夫の天空神ディヤウスは存在感を失っていく。一方で妻のプリトヴィーは、神話の内容を変えて語られ続けた。その基本的なパターンは「太古の時代、大地は海に沈んでおり、猪に変身した神が海中から大地を持ち上げ、現在の形にした」というものである。

　『ヴェーダ』の神々が力を失った時代、猪に変身していたのは創造神ブラジャーパティ、または創造神ブラフマーだった。のちにブラフマー信仰が廃れると、信者に現世利益を与える維持と繁栄の神ヴィシュヌが猪の正体になった。

　新しい神話も作られた。「プリトゥ」という王が大地の女神を屈服させて大地を平らにしたので、女神を「プリトヴィー」と呼ぶようになったという。

プリトヴィーさんは仏教にも取り入れられて「地天」って呼ばれているんですが、なぜか性別が男性になっちゃってます！　仏教の開祖ブッダさんに、悟りを開いた証明をしてあげた偉い仏様ですよ。

illustrated by かんとり

産んだ神様は強力無比
アディティ

異名：原初の世界の根本原理　名前の意味：無拘束、自由　配偶神：カシュヤパ
ヴァーハナ：ニワトリ　出典：『リグ・ヴェーダ』

最強の神々を産んだ母

　教典『ヴェーダ』では、雷神インドラや火神アグニ、律法神ヴァルナや太陽神ミトラなどが、インドの主要な神々として崇拝の対象になっている。『ヴェーダ』によれば、これらの主要神は、たったひとりの女神が産んだものだ。その女神の名は、無拘束、無垢、無限を意味する「アディティ」。彼女の名前をとって、アディティの息子である主要な神々は「アーディティヤ神群」と呼ばれている。

　アディティは聖仙カシュヤパの娘で、12姉妹の長女として生まれた。単体の女神としてのアディティには、人間に安全と富を与える役目がある。

　母神としてはメス牛との関係が深い。メス牛は乳を出して人間を育てる存在だからである。彼女は聖仙ダクシャと結婚して33名の子供を産んだとされているが、そのなかで「アーディティヤ神群」の一員に数えられた神の人数は限られている。教典『リグ・ヴェーダ』では5柱から8柱の「アーディティヤ神群」がいたと設定されているが、時代が進むと、『ヴェーダ』の時代はマイナーだがのちに信仰が拡大した、維持神ヴィシュヌや工芸神トヴァシュトリなどが加わり、アーディティヤ神群のメンバーは12柱まで拡大している。

女神の嫉妬と対抗意識

　アディティが神話で活躍するときは、その「母親」としての能力や、女性ならではの競争心が物語の題材となる。

　11〜12世紀ごろに作られた新しい教典『デーヴィー・バガヴァッタ・プラーナ』によれば、アディティは夫カシュヤパのもうひとりの妻ディティと寵愛を競っていた。アディティは夫によく仕えたので褒美を与えられることになり、彼女は「理想の子供が欲しい」と願い、雷神インドラを授かった。ところがこれにディティが嫉妬し、夫に直訴してインドラと同等の子供を授かる許可を取り付けた。

　こんどはそれにアディティが嫉妬する番だった。彼女は息子インドラをそそのかし、彼をディティの胎内に送り込んで、胎児を49個に切り裂かせたのだ。この胎児は49体の風神マールタとして生まれ出たという。

のちに仏教を開いたお釈迦様は、本名をゴータマ・シッダールタといいます。彼はこのアディティ様の子供、聖仙ガウタマを先祖に持つ一族の出身なんだそうですね。

illustrated by 花ヶ田

わたしは言葉、一番えらい

ヴァーチュ

別名：サラスヴァティー　別表記：ヴァーチ　異名：言語の女神
名前の意味：言葉、声　出典：『リグ・ヴェーダ』

賢く偉大な言葉の女神

　インドの古代宗教バラモン教は、神々に供物とともに祈りの言葉を捧げ、自然を操作してもらうことを軸にした宗教である。そのため「言葉」が非常に神聖なものとして扱われており、「言葉の女神」まで存在している。それが女神ヴァーチュである。ヴァーチュとは言葉、声という意味で、名は体をあらわす名前といえる。

　『ヴェーダ』に収録されているヴァーチュの讃歌は、世の中が何から何までヴァーチュ（言葉）によって動かされていると語る。人間が言葉を聞くのも、物事を識別するのも、息をするのも、食事を取るのも、すべてヴァーチュの働きだという。そしてヴァーチュを崇拝して供物を捧げ、この女神の寵愛を受けた者は、強靱な肉体と賢い頭脳、そして豊かな財産を手に入れるという。

　一方でヴァーチュ、すなわち言葉や会話は人々のあいだに不和を生み出し、争いを導くこともある。売り言葉に買い言葉で無用な争いを引き起こさないよう、人々はヴァーチュに敬意を抱き、言葉の使い方に注意しなければならないのだ。

　ヴァーチュは言葉の女神なので、人間が住んでいるあらゆる場所に、同時に存在している。そのため聖典『ヴェーダ』にあるヴァーチュを讃える歌では、まるでヴァーチュが「宇宙の根本原理」そのものであるかのように語られている。

男性は聖典を、女性は歌を好む

　バラモン教は、聖典ヴェーダを学び神々と交渉するのは男性だと定めていた。その古き時代の男尊女卑的思想を正当化するような神話が、聖典『シャタパタ・ブラーフマナ』に書かれている。

　神々デーヴァと、精霊ガンダルヴァが、言葉の女神ヴァーチュがどちらに所属するべきかを競ったことがあった。最終的にヴァーチュ本人に判断をゆだねることになり、神々は神聖なる『ヴェーダ』の聖句を唱えてヴァーチュを呼び、ガンダルヴァは歌い踊ってヴァーチュを誘ったのである。ヴァーチュは最終的に、神聖な『ヴェーダ』ではなく歌い踊るガンダルヴァのほうを選んだ。それにより女性は歌舞を好み、『ヴェーダ』に関わらなくなったのだという。

ヴァーチュさんは、22ページで会ったサラスヴァティーさんとよく似てますな～、どっちもしゃべり系の女神サマですし。そんなわけで近年はヴァーチュさんの能力はサラスヴァティーさんに吸収されてるそうで。

illustrated by しばたらい

美しき女神にはトゲがある
シャチー

別名：インドラーニー　別表記：舎脂鉢低など　名前の意味：言語、雄弁、神秘的な力など
配偶神：インドラ　ヴァーハナ：ライオン、ゾウ　出典：『リグ・ヴェーダ』

戦争の引き金になった嫉妬の女神

　女神シャチーは、聖典『ヴェーダ』の主要神インドラの妻であり、インドラーニーという別名を持っている。『タイッティーリャ・ブラフマーナ』という聖典によると、シャチーは大勢の女神のなかでもとりわけ美しくエロティックだったため、インドラは自分の妻にシャチーを選んだとされている。

　嫁取りの方法はかなり荒っぽいものだった。インドラはシャチーの美しさに心を奪われ、結婚を申し込む前にシャチーを陵辱してしまったのである。そしてシャチーの父親は、神々と敵対するアスラ族の王ブローマンだった。当然結婚がうまくいくはずもなく、怒ったブローマンはインドラに戦争を仕掛けた。しかし強大な力を持つインドラはブローマンを返り討ちにし、アスラ族を天界から追放してしまうのだ。

　だがインドラは、妻を選ぶときは外見だけでなく性格も考慮するべきであった。シャチーは怒りと嫉妬の女神であり、夫インドラが気に入っている者に激しく嫉妬を燃やすのである。聖典『リグ・ヴェーダ』では、シャチーは夫インドラがかわいがっている猿にまで嫉妬している。ただし夫を束縛するぶん、自分は夫への愛に一途だったようだ。新しい時代の英雄物語『マハーバーラタ』では、インドラが行方不明になっているあいだに神々の王となったナフシャに言い寄られるが一切なびかず、夫インドラを捜して旅に出る神話が紹介されている。

7柱の戦う女神たち

　嫉妬と「怒り」の女神というだけあって、シャチーは戦いに参加することがある。彼女は破壊神シヴァの妻である戦いの女神ドゥルガー（→p84）を支援する、7柱の女神チーム「七母神（サプタ・マートリガー）」のメンバーなのだ。

　七母神は、創造神ブラフマーや維持神ヴィシュヌなど、主だった神々の妻で構成されており、それぞれが戦闘用の恐ろしい姿と武器、乗り物を持っている。シャチーの場合は金色の身体に四本の腕を生やし、それぞれの腕に雷、またはインドラの武器であるヴァジュラ、縄、瓶、蓮華などを持ち、象に乗っているという。そして雷の力を使って多くの魔物を殺すのだ。

　うっす、サプタ・マートリガーのみなさん！　インドは女神ユニットのライバルが多くて張り合いがあるよ。次のライブでは私らマハヴィディヤが人気第一位をいただきますぞ〜！

illustrated by 邑

ひとつになっても忘れないでね！
シュリー

別名：ラクシュミー　別表記：吉祥天　名前の意味：幸福、繁栄　配偶神：ヴィシュヌ
ヴァーハナ：フクロウ？　出典：インド外部の古代信仰

ヴェーダ時代の旧い女神

時代の波間に消えた古き女神

　かつて世界には、地域ごと、場合によっては村ごとに、数え切れないほどの数の神々が存在していた。それらの神々がごく一部しか現代に伝わっていない理由は複数あるが、その理由のひとつに「似たような性質の神は、ひとつの神に統合」され、吸収された側の神は神話から姿を消してしまうことがあげられる。

　このページで紹介するシュリーという女神は、幸運と繁栄の女神であり、性格は移り気で、シンボルマークとなる植物は蓮の花だった。……気がついた方もいることだろう。彼女はこれと同じ特徴を持つインド神話の三大女神、ラクシュミー（➡p26）に統合された、古い女神なのである。

　神話学者、松村一男の《世界女神大事典》によれば、シュリーはもともと、インド神話を作った民族「アーリア人」ではなく、インド外部に住む別の民族の女神だったという。これがインドに持ち込まれると「蓮の花」「ゾウ」などと関連づけられた。例えば聖典『ヴェーダ』では、シュリーは「彼女は泥とともに住むことを祈願され、象の声に喜び、メス牛の糞の中に住まう」とある。これは、泥の中から生まれ出たのに、泥に汚れない葉と花を持つ蓮がシュリーの植物であること、そして牛糞は肥料になることから、豊作を呼ぶ女神であることを示している。また、さまざまな男神と関係を持っていたが、特定の夫神は持たなかったようだ。

三大女神ラクシュミーとの合流

　一方『ヴェーダ』におけるラクシュミーは、最初のころは「幸運」という意味の単語として登場し、女神ではなかった。『ヴェーダ』の後期になると、ラクシュミーは幸運と不幸を支配する女神として紹介されるようになる。このころのラクシュミーには、近年のラクシュミーのように「蓮」と関係する要素は見られない。

　しかし、4世紀ごろ、英雄物語『マハーバーラタ』の時代から、ラクシュミーはシュリーと同一の女神であり、ヴィシュヌ神の妻であり、蓮の花の上に乗る女神だと紹介されるようになる。ここにシュリーとラクシュミーは合流を果たし、以降シュリーという名前はほとんど使われなくなっていった。

「豊穣の女神」といえば、世界の神話だと子だくさんの女神サマが多いのですが、シュリー様には子供がいません。そして私ことラクシュミーも同じです。理由は……秘密にしておきましょうかね。

illustrated by かがちさく

女神と火神の燃え上がる恋
スヴァーハー

別表記：薩婆訶　名前の意味：多数の神をまとめて行う祭式
配偶神：アグニ　出典：『マハーバーラタ』

とある女神の一途な恋慕

スヴァーハーとアグニ。作者不詳。19世紀初頭に描かれたものだという。

　実はスヴァーハーという女神の名前は、日本において非常に馴染み深いものである。寺社仏閣などで聞くことができる「──そわか」という真言（祈りの呪文）の結び、この「そわか」という言葉は、漢語訳されたスヴァーハーの名前なのだ。

　スヴァーハーは創造神ダクシャの娘で、火神アグニを愛していた。だがアグニはある日見た、七聖仙の7人の妻たちに恋心を抱いていたのだ。アグニが愛欲に苦しんでいることを知ったスヴァーハーは、アグニが愛する女性にかわるがわる姿を変え、アグニを誘惑しては交わり、手に入れた精液を合わせて6回、山のくぼみに落としたのである。ただし、7人のなかでもっとも貞節であった、ヴァシシュタ仙の妻アルンダティーだけには化けられなかったという。

　彼女の落とした精液からは、軍神スカンダが生まれた。スカンダはわずか4日で完全な姿に成長し、卓越した戦闘能力によって敵対する悪魔の大群をことごとく退けるなど、数多くの大いなる活躍を見せている。

かくして女神は結ばれた

　愛する人とのあいだに息子を成したスヴァーハーであったが、それでもアグニの妻となることは叶わなかった。そこで彼女は、今や卓越した武勲で知られる勇士となった息子スカンダの元へと赴き、彼に「アグニは私の愛に気が付いていない、私は永遠にアグニとともに住みたい」と願ったのだ。これを受けたスカンダは母親を祝福し「人々が神々や祖霊へ捧げる供物を火にくべる時、聖句（マントラ）とともに"スヴァーハー"と高らかに唱えるであろう」と宣言する。これによって、スヴァーハーはアグニを夫として、常にそばにいられる、ということになったのだ。

　インドでは現在でも、火に供物をくべるときに「スヴァーハー」と唱えられており、そうすればアグニを通じて神や祖霊に供物が届く、とされている。

「「ソワカー!!」」
スヴァーハーさんの名前は、うちのグループでもちょっとアレンジしてコールに使ってるよ。スヴァーハーさんありがとー！

illustrated by 湯浅彬

ヤミー

別名：ヤムナ、カリンディ　異名：ヤムナー川の女神　名前の意味：双子の女性形
配偶神：ヤマ　ヴァーハナ：水牛？　出典：「リグ・ヴェーダ」

インド神話の最初のふたり

日本には「イザナキとイザナミの兄妹夫婦から日本の歴史がはじまった」という神話が伝えられているが、これと非常によく似た神話がインドにも残っている。叙事詩『リグ・ヴェーダ』によれば、世界はヤマとヤミーの双子の兄妹夫婦から始まったのだという。この兄妹を作ったのは太陽神スーリヤとサンジュニャー（➡p72）で、リグ・ヴェーダには対話形式での神話が記されている。

ヤミーの化身とされるヤムナー川と、そのほとりに建てられたヤムナ女神を祀る寺院。撮影：Atarax42

それによれば、妹ヤミーは兄ヤマを積極的かつ情熱的に誘惑している。同じ寝床に横たわり、引き裂くばかりに戯れようと懸命に誘い、子供を残すために夫婦の契りを交わそう、とささやくヤミーに対し、ヤマは「他の者と戯れよ、我々は人間の倫理を乱すような関係になるべきではない」と妹を拒絶する。それでもヤミーは「兄妹にあるまじき行為の責任は自分が取る、太陽の目をしばし欺いて、同腹の兄妹である天地と同じように結ばれよう」となおも食い下がるのであった。

兄妹の対話の結末はリグ・ヴェーダにこそ記されていないものの、この兄妹から人類が生まれたとされており、ヤミーの願いは成就したと見て間違いない。

始祖の夫婦の行き着いた先

はじめの人類を作ったそのあと、兄は人類最初の冒険者となって死の国を発見、同時に人類最初の死者にもなったため、そこを統治し法を守護する死の神になったという。一方で妹ヤミーは、聖なる川のひとつヤムナー川の化身の女神となり、生を象徴する存在として今なお崇拝を集めている。

日本においてもそうなのだが、世界の神話においてしばしば原初の近親相姦が語られるのは、近親相姦は宇宙の秩序を超えたエネルギーを生む行為で、それによって世界が造られるためなのだという。したがって秩序が確立されたあとの世界において、近親相姦は一貫して絶対のタブーとなるのだ。

日本のみなさんもヤマ様のことをご存知のはずです。仏教で、死んだ人の魂の裁判を行う「閻魔大王」。この方はインド神話のヤミー様が仏教に取り入れられ、そのあと中国語に翻訳されたものなんです。

illustrated by アイゴンデロガ

ニルリティ

別名：アラクシュミー　別表記：涅哩底王　名前の意味：破滅、死　配偶神：アダルマ？
ヴァーハナ：カラス　出典：『リグ・ヴェーダ』

ヴェーダ時代の旧い女神

古代インドの死の女神

　ほんのわずかな記述だが、それだけで十分に持ちたる役割を理解できる。ニルリティは人間にとって不吉な、死と破滅を司る女神である。

　ニルリティは、紀元前12世紀に現在の形となった古代インドの聖典のひとつ『リグ・ヴェーダ』でわずかに言及されている程度の存在であるものの、同時に讃歌（さんか）が記されている。讃歌は「不吉な鳥に対する歌」と題されており、それによれば「鳩が、ニルリティの使者として派遣されてここに来ようとも、われわれはそれに呪文を唱え、贖罪（しょくざい）をする。派遣された鳩はわれわれに吉祥（きっしょう）であれ。鳥は、

10世紀の偶像群のうち、死、不幸、堕落を意味する女神像で、ニルリティと考えられているもの。
撮影：Warddr

われわれの家において無害であれ」と歌われているのだ。この内容だけでも、ニルリティが不幸をもたらす恐るべき存在、と十二分に理解できるだろう。これとほぼ同一の記述と詩句は、紀元前15世紀に成立した経典『アタルヴァ・ヴェーダ』内にも存在しており、古い時代においてはよく知られた女神であったようだ。

　彼女はその名前自体が「死」「破滅」を意味するものだが、神としてのエピソードは不明だ。ただし死と破滅を神格化した女神、ということだけは間違いない。

ニルリティとアラクシュミー

　5～10世紀ごろに作られた新しい教典『リンガ・プラーナ』に登場する、貧困と不幸を司る女神「アラクシュミー」は、ニルリティと同一の存在とされている。名前のとおり、ラクシュミー（→p26）と非常に関連が深いのだという。

　アラクシュミーは名前からして「ラクシュミーの否定形」という意味を持つ。彼女はインドの天地開闢譚（てんちかいびゃくたん）「乳海攪拌（にゅうかいかくはん）」の際に、ラクシュミーの姉として誕生したとされている。ただしラクシュミーが14の宝物として生まれた美しい女神であるのに対し、アラクシュミーは残骸の泥から誕生した醜い女神なのだという。

ニルリティさんは、仏教経由で中国に入って、いまでは涅哩底王（ねいりちおう）っていう男性の仏様に変わってるんだそうで。36ページのプリトヴィーさんといい、性転換とはレベルが高いですなー。

illustrated by さゆきの

神様もお酒が大好き
スラーデーヴィー

別名：ヴァールニー　別表記：スラー　名前の意味：酒
配偶神：ヴァルナ　出典：『マハーバーラタ』

海から生まれた女神

スラーデーヴィーは、大勢の神々とアスラ（悪魔）が海をかき回したときに生まれた女神であり、神聖な「スラー酒」の女神にして水神ヴァルナの妃とされる。なお名前のうちスラーとは「興奮させる水」という意味、デーヴィーは「女神」を意味する名詞であるから、文字通り「酒の女神」である。

英雄物語『ラーマーヤナ』『マハーバーラタ』には、神々が海をかきまわした『乳海攪拌』の詳細が語られている。神々とアスラが戦いに疲れて力を失ったとき、世界を維持する神ヴィシュヌは「乳海をかき回せば、不死の飲み物アムリタが得られる」と言った。そこで神々とアスラが 1000 年に渡って大海を攪拌し続けると、神々の医師ダンワンタリに抱かれてアムリタがあらわれた。こうして得られたアムリタを巡って神々とアスラは激しく争うのだが、最終的にはヴィシュヌの活躍でアムリタは神々のものとなり、神々は不老不死を得たのだった……という物語だ。

このとき、攪拌開始からアムリタ出現までのあいだに、女神ラクシュミー、神酒ソーマ、月、天馬などのさまざまな神々、物品、動物が生まれている。女神スラーデーヴィーはこれらのものと一緒に、スラー酒を抱いて出現したとされている。

また『マハーバーラタ』にはヴァルナとスラーデーヴィーの住む海底宮殿の描写がある。そこにはアスラから奪い取ったあらゆる武器、ヴィシュヌ神の炎の円盤、神弓ガーンデーヴァ、地上に雨を降らせる「水の王の傘」があるという。

女神の酒は悪酔いの元？

スラー酒は、神々に活力を与える神酒ソーマに匹敵する効能を持つとされ、王の即位の式典（ラージャスーヤ祭）には欠かせない飲み物だったらしい。だが一方で、飲むと悪酔いするという記述もあり、蛇の怪物ヴリトラにスラー酒を飲ませて倒す物語が『リグ・ヴェーダ』などにあるほか、『マヌ法典』には「よい穀物の汚れた滓であるから飲んではならぬ」と記されている。

なおスラー酒は実際には糖蜜から蒸溜されたもの、米粉から蒸溜されたもの、マドゥーカという植物の花から蒸溜されたものの 3 種があったと考えられている。

神様が海をかき回して世界をつくり出す……どこかで聞いたことがありませんか？　そう、日本の神話で、イサナギ様とイサナミ様が矛で海を混ぜた神話とそっくりです。

illustrated by みずやなお

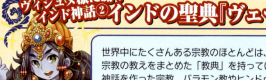

世界中にたくさんある宗教のほとんどは、自分たちの宗教の教えをまとめた「教典」を持っている。インド神話を作った宗教、バラモン教やヒンドゥー教の場合は『ヴェーダ』という文献が教典になってるんだ。ここでは『ヴェーダ』とは何なのかを説明しよう。

女神の紹介文で何度も出てきている『ヴェーダ』という名前。これはインド最古の宗教文献であり、インド神話の核となった宗教の教典である。

『ヴェーダ』ができるまで

『ヴェーダ』とは何なのかを理解するために、まずは『ヴェーダ』が、どのようにできた文献なのかを紹介しよう。

インド神話に登場する神々は、紀元前 1500 年ごろ、外国からインドに持ち込まれたものである。この宗教は、人間の都合がいいように自然現象を変えてもらうために、司祭が神と交信する「儀式」が核となっている。

当初、儀式のやり方は、司祭たちが口伝で伝えており、文字には書かれていなかった。しかし時代が進むにつれて、儀式の内容を文字で書き残す必要が生まれ、司祭たちが先人から受け継いできた知識（インドの言葉で "ヴェーダ"）が文献にまとめられていった。そして徐々にその数を増やしていったのである。

つまり「『ヴェーダ』ってなんだ？」をひとことであらわすと、こういうふうになるわけだね。

偉大な先人が生み出した、神との交渉のやり方を、文章にまとめたメモ集

『ヴェーダ』の中身

どの文献を『ヴェーダ』と呼ぶのかという明確な基準はない。だが一般的に『ヴェーダ』と呼ぶ場合、それは宗教文献のなかでも、『サンヒター』（本集、という意味）と呼ばれる "儀式の手順書集" のことを指す。

なお『サンヒター』の中身は、以下の 4 種類に分かれている。

- 『リグ・ヴェーダ』……神をほめたたえる呪文「讃歌」を収録
- 『サーマ・ヴェーダ』……メロディつきで歌う讃歌「詠歌」を収録
- 『ヤジュル・ヴェーダ』……儀式時に神に呼びかけるかけ声「祭詞」を収録
- 『アタルヴァ・ヴェーダ』……幸運を呼び、呪詛を退ける「呪術」を収録

ヴェーダ時代の旧い女神

プラーナ時代以降の新しい女神

Devīs after Vedic era

　紀元前1000年から紀元前500年にかけて、教典『ヴェーダ』が完成したのちの時代。ヴェーダの教えの研究と改革が進むなかで、『ヴェーダ』を生み出した宗教「バラモン教」が衰退し、「ヒンドゥー教」という新しい形に生まれ変わりました。

　これにともなって、『ヴェーダ』ではほとんど知られていなかった神や、特定地方だけで信仰されていた女神が、ヒンドゥー教の神話のなかに取り込まれています。この章で紹介するのは、このような比較的新しい時代に注目された女神たちです。

Illustrated by 湖湘七巳

ムリトゥユ

カドルー

別表記：カドルー　異名：ナーガの母　名前の意味：黄褐色の、まだら模様の
配偶神：カシュヤパ　出典：『ブラフマー・プラーナ』

大地を這う蛇たちの女神

　古き聖典『ヴェーダ』がまとめられた時代、天と地の神といえば、天空神ディヤウスと大地の女神プリトヴィー（➡p36）のことであった。しかし時代が進むにつれて両神の存在感は薄れ、天地の神という特徴は多数の神々に引き継がれていった。

　このページで紹介する女神カドルーは大地の女神であり、天空の女神ヴィナター（➡p58）という妹がいる。そしてカドルーは、下半身が蛇で上半身が人間という姿で描かれる蛇の一族ナーガ族の祖であり、妹ヴィナターは、鳥類の王にして維持神ヴィシュヌの神聖な動物ヴァーハナである「ガルダ」の母である。

意地悪な姉と1000人の息子

　13世紀前後に成立した新しい聖典『ブラフマ・プラーナ』によれば、姉妹そろって聖仙カシュヤパの妻となったカドルーたち姉妹は、褒美としてそれぞれ望みのものを授かることになった。

　カドルーが1000人の息子、ヴィナターは2人の息子を望むと、ふたりはやがて望みの数の卵を産んだ。カドルーの卵からは蛇の種族ナーガたちが生まれ、ヴィナターの卵からは暁の神アルナと、のちに鳥類の王となるガルダが生まれた。

　あるとき、神々とアスラが海をかき混ぜ、霊薬アムリタを作ることになった。アムリタ製造中の乳化した海からは、さまざまな女神、生き物、物品が飛び出した。そして天馬が飛び出したとき、姉妹は「天馬の尻尾の色」について賭けをすることになった。勝者が敗者を500年間奴隷にするという重大な賭けである。

　ここでカドルーは卑怯にも、尻尾の色を「黒」に賭けたうえで、嫌がる息子たちを呪いでおどして、天馬の尻尾に張り付かせたのだ。白いはずの尻尾は蛇の体色で黒くなり、ヴィナターはカドルーの奴隷となることが決まったのだった。

　だがそのあと、ヴィナターの息子ガルダが英雄的な活躍によって母ヴィナターを奴隷の立場から解放させたうえ、蛇たちを食糧とする権利を手に入れた。蛇たちは母の卑怯な行いのせいで、子孫代々ガルダに食べられつづけるという、永遠の責め苦を受けることになってしまったのである。

このひとがおばあさまの仇ですねー⁉
このお話で紹介されてる「ガルダ」というのは僕の父上なんです！　僕も父上を見習って、蛇をムッシャムッシャ食べて強くなりたいと思いますっ！

illustrated by ムロク

ヴィナター

育児はあせらずゆっくりと

別名：スパルニー　名前の意味：「かがむ」の過去分詞形
配偶神：カシュヤパ　出典：「マハーバーラタ」

プラーナ時代以降の新しい女神

身を滅ぼすゆきすぎた好奇心

56ページで紹介したとおり、女神ヴィナターは鳥類の王ガルダの母親であり、蛇の種族ナーガの母親カドルーの妹である。外見は美しく、甲斐甲斐しく夫の世話を焼く良妻だったが、姉カドルーとの競争意識がトラブルを呼び込んでいる。

カドルーとヴィナターが夫から望む物を聞かれたとき、姉カドルーは1000人の優秀な息子を望んだ。ヴィナターは姉への対抗意識から「カドルーの息子よりあらゆる面ですぐれた息子がほしい、ただし人数は2人でよい」と願い、それぞれ卵を産んだ。

それから500年後、カドルーの卵はみな孵化したが、ヴィナターの卵はいっこうに孵化する気配を見せない。しびれを切らしたヴィナターは、卵の中身が気になってしまい、ふたつの卵のうち片方を割ってしまった。卵の中には、上半身だけができあがっており、下半身がまだできあがっていない息子、アルナが入っていた。卵を割られて成長を止められてしまったアルナは怒り、500年間姉のカドルーの奴隷になってしまう呪いを母にかけ、朝焼けの赤い空になって母の元を去ってしまった。もう片方の息子ガルダはこの事件からさらに500年後に生まれてきた。ヴィナターは好奇心と姉への見栄のせいで、優秀な息子の片割れを失ってしまったのである。

ヴィナターの孝行息子ガルダの活躍

56ページで紹介したとおり、ヴィナターは姉のイカサマによって賭けに負け、姉カドルーの奴隷になった。彼女が奴隷になってから500年ほどあとに生まれた、ヴィナターの息子ガルダはこれを悲しみ、カドルーの子である蛇たちに、母を奴隷の身分から解放するよう頼んだ。蛇たちは、神々の飲料アムリタを飲むことができるなら、ヴィナターを解放しようと答えた。

ガルダはさっそく天界に行ってアムリタを盗み出したが、それを憎き蛇たちには渡さなかった。彼は雷神インドラと共謀して、まずアムリタを蛇たちに与えるふりをして彼らを騙し、母と自分を奴隷身分から解放させた。そのあとガルダは、蛇たちに飲まれる前に、アムリタをインドラへ返還した。こうしてヴィナターは、誰よりもすぐれた孝行息子のおかげで、自由をとりもどしたのである。

ちなみに父さんが五体満足で生まれることができたのは、アルナおじさんが「誕生をもう500年待つべき」だって、おばあさんに進言してくれたからです。おじさんに感謝しなきゃいけません。

illustrated by TOH.

サティー

名前の意味：貞淑な女　配偶神：シヴァ　出典：『リンガ・プラーナ』

破壊神の最初の妻と狂気の物語

破壊神シヴァの妻といえば、パールヴァティー（➡p24）あるいはドゥルガー（➡p84）の名前が真っ先にあがるが、彼女たちはいずれもシヴァの「最初の妻」ではない。神話によればシヴァの最初の妻となったのは、サティーという女神だった。

サティーの焼死体を、自身の武器トリシューラの先端に刺して世界を放浪するシヴァ。作者不詳。

新しい教典『リンガ・プラーナ』によれば、サティーは創造神ダクシャの娘で、シヴァとは相思相愛であった。だが父ダクシャはシヴァを嫌っており、サティーの婿を選ぶ儀式にシヴァを呼ばなかった。そこでサティーは一心にシヴァを想いながら、花婿の首に掛ける花輪を投げたところ、会場に突然シヴァがあらわれ、その首に花輪が掛かったのだ。これによってふたりは正式に夫婦となったが、それでも父はシヴァを認めなかった。後日、父はみずから開いた祭りに、娘も婿も招かなかった。サティーはそれでも会場へと単身足を運んだのだが、父は彼女を完全に無視する。これに怒り恥じたサティーは、みずから命を絶ってしまう。

サティーの死を知ったシヴァは怒り狂った。サティーの遺体を担いだままダクシャの祭壇を破壊し、発狂して踊りながら世界を破壊し続けたのだ。見かねた維持神ヴィシュヌがサティーの遺体を細切れに切り刻むと、シヴァはようやく正気を取り戻した。刻まれたサティーの遺体は各地に散らばり、そこから多くの女神が誕生したという。

彼女が招いたインドの悪習

インドでは、女性の貞操に非常に厳しい目が向けられる文化がある。その一例として、「夫に先立たれた妻は、夫の遺体を火葬するとき、その炎で一緒に焼け死んで貞淑を守るべき」とする習慣があった。この習慣は、女神から名を取って「サティー」と呼ばれている。現代インドでは人権意識の高まりから、サティーは法律で禁止されたが、今でも辺境の農村などでは、ごくまれに行われているという。

サティーで死ぬのを拒否した女の子は、カースト制度からはじき出されて被差別階級「アヴァルナ」になっちゃうんだ。ひどいよねぇ。もし「アヴァルナ」になっちゃったら、私マタンギが守ってあげよう！

illustrated by かまた

大きく口開けぱっくんちょ
スラサー

異名：ナーガの母　名前の意味：芳香、良き味わい　出典：『ラーマーヤナ』

英雄の強さを試しに来た

　英雄物語『ラーマーヤナ』に登場する女神スラサーは、蛇人種族ナーガの一員である。彼女の活躍は英雄物語『ラーマーヤナ』で確認できる。

　主人公ラーマ王子の妻シーターが誘拐され、猿人ヴァナラ族がそのゆくえを探していたときのこと。ヴァナラ族の英雄「ハヌマーン」の前に、醜く恐ろしいラークシャサ族の女が立ちはだかった。実はこのラークシャサの正体はスラサーであり、神々から「英雄ハヌマーンの武勇が見たい」との依頼を受けていたのだった。

ナーガに乗るクリシュナと、それを囲むナーガの女性たち。作者不詳。

　スラサーが変身したラークシャサは、「私に食べられなければ、あなたはここを通ることができない。これは私が持つ特権である」と言って譲らない。しかし、食べられてしまったらシーター探索の任務が果たせなくなってしまう。そこでハヌマーンは知恵を絞り、「そんな小さな口では私は食べられないぞ」と挑発しながら、自身の身体を巨大化させた。それに呼応してスラサーもさらに大きく口を開けていった結果、彼女の口は 100km を超えるというとんでもない大きさで開かれた。それを見切ったハヌマーンは、身体の大きさを一気に親指サイズまで縮め、スラサーの口の中に飛び込んですぐに出てきた。これによりハヌマーンは「スラサーに食べられる」という条件を満たしたのである。これを見たスラサーはただちに元の美しい女神の姿に戻り、ハヌマーンの知恵と勇気を祝福したという。

直後にあらわれた間の悪いラークシャサ

　スラサーとハヌマーンが別れた直後、シンヒカーという本物のラークシャサがあらわれ、ハヌマーンを不意討ちして大きな口で飲み込んでしまう。

　ハヌマーンはスラサーとの勝負の経験を生かし、瞬時に身体を小さく縮めてシンヒカーの口の中に飛び込んだ。そして体内からシンヒカーの体を八つ裂きにして脱出する。シンヒカーにとっては実に間の悪い襲撃であった。

ハヌマーンが口の中から出て来る神話は、死から再生する通過儀礼を物語にしたものって説があるよ。通過儀礼ってのは要するに「子供だったお前はもう死んだっ！　大人として生まれ変わるのだーっ!!」てことね。

illustrated by 河内やまと

ヴィダートリ&ダートリ

ヴィダートリ……名前の意味：制定する者、創造者　出典：『マハーバーラタ』『リグ・ヴェーダ』
ダートリ……名前の意味：創造者、支える者　出典：『マハーバーラタ』『リグ・ヴェーダ』

プラーナ時代以降の新しい女神

聖者が見た運命の2柱女神

　ヴィダートリとダートリは、2柱一組の運命の女神である。彼女たちは英雄物語『マハーバーラタ』の一節に登場する。

　ヴェーダという名前のバラモン（司祭）に、ウッタンカという弟子がいた。彼は師匠の妻の指示で、師匠が仕えるパウシャ王の王妃が愛用している耳輪を手に入れることになった。ウッタンカはいくつかの試練を乗り越えて耳輪を手に入れたが、その耳輪をナーガ王タクシャカに奪われてしまう。ウッタンカは耳輪を取り返すため、タクシャカが逃げ込んだ、地下の「ナーガの国」へと足を踏み入れた。

　そこで彼は、ふたりの女が黒と白の糸で布を織っているのを見た。彼女たちが使っている織機には12の区切りが描かれた輪がついていて、この輪を6人の童子が回しており、横には大男が立っていたのである。

　冒険のすえにタクシャカから耳輪を取り返し、それを師匠の妻に献上したウッタンカは、このときの不思議な経験を師ヴェーダに説明する。師匠は、彼女たちこそ運命の女神ヴィダートリとダートリなのだと教えてくれた。

　師ヴェーダの説明によれば、ヴィダートリは運命神、ダートリは創造神である。彼女たちが織っている黒と白の糸は「昼と夜」であり、世界の運命を一枚の布として織りあげているのだ。6人の童子はインドにおける6つの季節（春、夏、雨季、秋、冬、寒期）を指し、織機についていた輪は12の区切りによって1年をあらわす。そして横にいた大男は雨の神パルジャニヤだったのだという。

創造し、割り当てる者

　このヴィダートリとダートリは、古い時代の創造の女神である。特にダートリは『リグ・ヴェーダ』によるとアーディティヤ神群（→p38）の一員で、太陽・月・天・大地・大気・光を創造する役目を持ち、生命の創造、健康の保持、生産、雨乞い、病気治療、不老不死をもたらす女神として崇拝を受けていた。

　ふたりの信仰はほぼ途絶えたが、のちにその存在は新しい創造神に吸収され、創造神ブラフマーや維持神ヴィシュヌの別名として使われたこともある。

ダートリさんは「アーディティヤ神群」といって、38ページで紹介した女神アディティさんのお子さんたちのひとりです。雷神インドラさんや、太陽神スーリヤさんがご兄弟ですね。

illustrated by ケルンツ

マハーバーラタのはじまりの物語

　インドにおける大地の女神ブーミは、世界の大地そのもので
あり、同時に人間の住む世界をその身で支えているという、ま
さに"縁の下の力持ち"だ。

　『マハーバーラタ』によれば、ブーミがブラフマーに助けを求
めたことが、神々が自身の分身を天から降ろし、数多くの英雄
たちが産まれるきっかけになったのだという。それによれば「ク
リタ・ユガ」と呼ばれるはるか昔の時代、生物の寿命は今より
長く、地上は数多くの生き物で溢れていた。そのただでさえ過
密状態であったところへ、神々との戦いに敗北した悪魔たちが
天から降りてきて、人間を含めたさまざまな生き物に生まれ変
わり、さらには地上のあらゆる場所で暴れはじめたのだ。

　ただでさえ重かったところへ大量の悪魔が加わり、さらに悪
魔によってさんざんに痛めつけられたブーミは「このままでは
大地を支え切れない、天地が崩れ落ちてしまう」と創造神ブラフマーに訴える。これ
を受けたブラフマーは神々に対して「大地の重みを取り除くため、それぞれの分身に
よって地上に子を作りなさい」と命じ、すべての神が地上へ分身を降下させた。その
結果として産まれたのがマハーバーラタに登場、活躍する英雄たちなのだ。

ブーミの金属彫刻。

へそを曲げたブーミのお話

　プラーナ文献のエピソードによれば、ブーミには「人間には大地の恵みを与えない」
と決めていた時期があるのだという。それに対して、ヴィシュヌが人間の姿をとった、
プリトゥという人物が怒り、弓矢を大地に打ち込んだ。するとブーミは牛の姿に変化し
て逃げ出したため、プリトゥがそれを捕まえたところ、ブーミは「子牛の乳を与えてく
れれば、引き換えに大地の恵みを与えよう」と話した。プリトゥがその望みを叶えた
結果、ブーミは乳を出し、その後 "ブーミの乳"、すなわち人間が食べる野菜や穀物
が大地から生じるようになったという。

人間の生きる時代は4つに分かれていて、もっとも古いのが上の神話に
出てくる「クリタ・ユガ（サティヤ・ユガ）」。皆さんが生きている現代は、
人間がもっとも弱い「カリ・ユガ」です。詳しくはp149でどうぞ。

illustrated by pica

殺して泣いて、さらに殺して

ムリトゥユ

異名：死の女神　名前の意味：死　出典：『ヴァーユ・プラーナ』

殺しを嫌う死の女神

　世界には「人間はもともと不老不死だったが、何らかの理由で死ぬ運命を与えられた」とする神話が多い。これはインドも同様であり、死の管理は「ムリトゥユ」という女神に託されている。

　ムリトゥユは赤と黒の衣装を身にまとい、きらびやかな装身具を身につけた女神である。このムリトゥユは、人間が寿命を迎えると、その人間に「怒り」と「欲望」を送り込んで殺してしまうという。なお彼女は、死者の管理という仕事を“嫌々ながらやっている”という点が、世界的に見ても珍しい。

人を殺して涙を流す

プラーナ時代以降の新しい女神

　英雄物語『マハーバーラタ』の神話によれば、創造神ブラフマーは多くの生き物を創造したものの、それらが死なないため、どんどん生き物が増え続けていた。そのあまりの重さは大地の女神を大いに苦しませていたが、ブラフマーは対処法が思いつかず、かんしゃくを起こして怒りの炎ですべてを焼き尽くそうとした。

　これを止めたのが破壊神シヴァである。彼はブラフマーに「彼らが何度でも死に、そして何度でもこの世に戻ってこれるシステムを作ればよい」と提案する。これこそ、いまでもアジア全域で知られる「輪廻転生」の概念である。

　このシヴァの意見を採用したブラフマーは、輪廻転生のために必要な「死」を生き物に与える神として、女神ムリトゥユを創造したのである。

　このような経緯から「死の女神」として創造されたムリトゥユだが、ブラフマーにとっては困ったことに、彼女は心優しい性格の女神だった。ムリトゥユはブラフマーが下した「生き物を殺す女神になれ」という命令を拒絶。役目を放棄して長い苦行生活に入ってしまったのだ。

　心を閉ざして苦行をおこなうムリトゥユを、粘り強く説得を続けるブラフマー。結局ムリトゥユは嫌々ながら役目を受け入れたが、彼女がこの役目に納得したわけでも、生き物の死に心動かなくなったわけでもない。彼女は生物、特に人間を殺すことを今でも嫌がり、そのたびに涙を流しているのである。

ムリトゥユさんの兄弟には、ヴィヤーディ（病気）、ジャラー（老年）、ショーカ（悲しみ）、トリシュナー（渇き）、クローダ（怒り）という神様がいるそうです。みなさん大変なお仕事ですよねえ。

illustrated by 閏あくあ

怖いけど優しい女神様
チャームンダー

別名：ドゥルガー、カーリー　名前の意味：チャンダとムンダを殺した者　配偶神：シヴァ
ヴァーハナ：フクロウ、プレタ　出典：『デーヴィー・マーハートミャ』

醜く美しい母なる女神

14世紀ごろに作られたチャームンダーの石像。足元の人間に施しを与えているのが確認できる。

プラーナ時代以降の新しい女神

　女神チャームンダーの外見は、日本の伝承に例えるなら人食い妖怪「ヤマンバ」そのものだ。骨と皮だけのしなびた身体、髪はぼさぼさに乱れ、しおれて垂れ下がった乳房から母乳がたれている。手には武器を持ち、人の首をつないで作った首飾りを下げた恐ろしい姿で、死体の上に立って踊っている。ヤマンバとの違いは、額に"第３の目"が開いていることだ。

　このような醜く恐ろしい外見を持つチャームンダーは、生と死の女神であり、全身で不吉さと不浄を表現する存在だ。ただし外見の恐ろしさに反して、チャームンダーは「人間の苦しみを背負う」という慈悲深い役目も持っている。実は彼女の足の下にある死体は「プレタ」と呼ばれる飢えた幽霊、日本で言うところの「餓鬼」そのものなのだ。小説家の遠藤周作によれば、チャームンダーの乳房からは母乳が流れ出しているが、これは飢えに苦しむプレタ、すなわち人間に与えているもので、また彼女は伝染病を引き受け癒やす役割も担っているため、常に病気と毒を背負い苦しみに耐えながら、人間に癒しと恵みを与えているのだという。

もともとは異教の神だった？

　九州大学大学院の比較社会文化学府・研究院によれば、チャームンダーの起源はいち地方の大地母神にあるのだという。

　紀元前６世紀ごろに仏教が成立し、信者を奪われたバラモン教が衰退していくなかで、バラモン教の教えを改良して信者を取り戻そうとする流れが生まれた。これらの改革のすえに成立したのが、現代まで続くインドの宗教「ヒンドゥー教」である。

　そのなかでもインド南部に多くの信者を持つシヴァ信仰の一派が、土着の女神に「シヴァ神の妻」「女神ドゥルガー（➡p84）の別名」という地位と「アスラ族のチャンダとムンタを殺した女神」という勇ましい神話を与えて、信者を宗派に取り込んだ。その結果生まれたのが、このチャームンダーという女神なのである。

インドで生まれた仏教には「代受苦」という思想があります。仏様が、人間の苦しみの身代わりをするという意味です。チャームンダー様の姿を見ると、この方も「代受苦」をしているのではないかと思えてきます。

illustrated by 大山ひろ太

アツアツすぎで逃避行

サンジュニャー

名前の意味：知覚、知識　　配偶神：ヴィヴァスヴァット、スーリヤ
ヴァーハナ：馬？　　出典：『ヴァーマナ・プラーナ』

チャリオットに乗る太陽神ヴィヴァスヴァット、またはスーリヤとされる絵。19世紀、作者不詳。

夫の熱気に耐えきれず

　サンジュニャーは太陽神の妻で、夫のもとから逃げ出した逸話が残されているのだが、その理由が不倫や性格の不一致などではなく「夫が太陽神だから」という、非常に珍しい内容となっている。文献によって細かな部分が異なるのだが、おおまかなあらすじは次のとおりだ。

　サンジュニャーと太陽神は結婚し、マヌ、ヤマ、ヤミー（→p48）の2男1女をもうけた。だがそのあと、サンジュニャーは夫の発するすさまじい光と熱に耐えられなくなってしまった。彼女は、身代わりとしてチャーヤー（影の意）という女性を創り出し、夫のもとから逃げ出してしまったのだ。だがチャーヤーはサンジュニャーによく似ていたため、夫は妻の逃走に気が付かず、彼女に3人の子を産ませた。しばらく経ったあと、ようやく入れ替わりに気が付いた夫はサンジュニャーを捜索し、ある森でメス馬に変化している妻を発見した。それを見た夫は自身も馬に変化して彼女と交わり、子供が産まれ、ふたりは仲直りしたという。

　この復縁に関しては工芸神ヴィシュヴァカルマンの助力が大きかった。彼は夫の太陽の輝きと光を削り取り、サンジュニャーを悩ました光と熱を影響がない程度まで和らげたのだ。別の物語によると削り取られた輝きと光は、のちにシヴァの三叉戟（トリシューラ）、ヴィシュヌの円盤などの神々の武器に作り変えられたという。

文献によって錯綜する配偶者

　サンジュニャーは太陽神の妻とされるが、文献によって夫の名前とエピソードが異なり、『ヴァーマナ・プラーナ』ではヴィヴァスヴァット、『ヴィシュヌ・プラーナ』『マハーバーラタ』ではスーリヤと、多くの混乱が見られる。だが先述している逸話に関しては共通点が多いため、ひとまず「サンジュニャーの夫は諸説あるが、いずれにおいても太陽神」と捉えておけば間違いはないだろう。

　サンジュニャーさん、お父様が「トヴァシュトリ」様か「ヴィシュヴァカルマン」様なのかわからないのですか。お辛いですねえ、このまたんぎちゃんも母親を捜しているんですよ……。

プラーナ時代以降の新しい女神

illustrated by ツキリラン

牛と馬は私の孫よ
スラビ

別名：カーマデーヌ、カーマドゥフなど　名前の意味：匂いのあるもの
配偶神：カシュヤパ　出典：『バーガヴァタ・プラーナ』

乳海から生じた聖なるメス牛

　ヒンドゥー教徒の社会において「牛」は崇拝の対象であり、神話にもしばしば登場する神聖な動物である。シヴァの乗り物とされる乳白色のオス牛「ナンディン」が代表例だ。このナンディンを産んだ母こそが、同じく牛の姿の女神スラビである。その外見は白いメス牛そのものだが、背中に翼が生えており、頭部は人間女性のものに角が生えている。

　かつて神々とアスラ族はそろって力を失い、それを取り戻すために海をかき混ぜて霊薬アムリタを作り出す「乳海攪拌」を行った。そのときアムリタ以外にも女神ラクシュミー（➡p26）をはじめとするさまざまな神、精霊、物品が生まれ出た。スラビもこのとき生まれた女神である。彼女は生きとし生けるものすべての養育者であり、さまざまな願いを叶える力を持つという。

マレーシア随一のヒンドゥー教の聖地、バトゥ洞窟に描かれたスラビ。

　ただし、インドにおいてスラビが単独の女神として意識されることは少ない。スラビ信仰とはすなわち牛への崇拝であり、わざわざ女神の姿を介する必要もない、ごく当然のことなのだ。

英雄物語で語られるスラビの活躍

　英雄物語『ラーマーヤナ』におけるスラビは聖仙カシュヤパの妻となり、ローヒニーとガンダルヴィーというふたりの娘を産んでいる。そしてローヒニーからは牛の一族が生まれ、ガンダルヴィーからは馬の一族が生まれたという。

　さらに英雄物語『マハーバーラタ』には、スラビの「願いを叶える力」にまつわる逸話が収録されている。牛の母ローヒニーはふたりの娘を産み、娘たちは家畜の母になった。ある日スラビは、牛や馬などの家畜たち、すなわち自身の子や孫が苦しい農作業に従事していることを嘆いた。それを聞いたインドラは雨を降らせたので、世界中の家畜が休息を得られたという。このほかにも、火葬されて灰になった鳥の王に、天界の聖なる牛乳を与えて復活させる、という神話が収録されている。

ヒンドゥー教では人間の魂は輪廻転生しますが、生前に牛を殺すと人間どころか、動植物の最下位の位階まで落とされてしまいます。ここから人間に戻るのは大変ですよ、ぜったいに牛さんを殺さないでくださいね！

illustrated by オノメシン

女神のパワーでオトコを立てよう！
シャクティ

別名：デーヴィー、マハーデーヴィーなど　別表記：シヴァの神妃たち　異名：大女神
名前の意味：力、能力、性力など　配偶神：最高神（特にシヴァ）
出典：インド信仰の概念、『マールカンデーヤ・プラーナ』

女神が持つ性的エネルギーの神格化

　インドに伝わる女神たちのなかでも、シャクティはきわめて特殊な存在である。彼女はほかの女神たちのような「個人」ではなく、女神が持つ力そのものに、便宜的に名前と姿を与えた存在なのだ。そのためシャクティには、女神としての個性や、活躍する神話がない。純粋にエネルギーのみの存在である。

　シャクティを熱心に信仰するのは、ヒンドゥー教のなかでも破壊神シヴァを信仰する宗派「シヴァ派」から派生して生まれた「シャクティ派」の人々である。シャクティ派では「シヴァ神の力の源は、妻たる女神たちが有する性的エネルギーだ」という理論により、シヴァ神そのものよりも、その力の源である性的エネルギー「シャクティ」を神格化し、女神シャクティとして信仰対象にしているのだ。

　シャクティ派の理論によれば、シャクティは神聖なエネルギーであると同時に宇宙の根本原理であり、人間がこれと合体することによって、インドの宗教が究極の目標とする輪廻転生からの脱出「解脱」に到達できると考える。

　シャクティとの合体の方法は宗派ごとにさまざまで、男女の性的合体を「シャクティとの合体」と考えて実践する宗派もあれば、「ヨーガ」（➡p102）という瞑想的修行によって体内の「チャクラ」に眠っているシャクティを覚醒させる宗派もある。

全インドに広がるシャクティ

　シャクティという概念はシャクティ派だけのものではない。ほかのヒンドゥー教諸宗派も、シャクティというエネルギーを受け入れ、尊重していることは変わらないのだ。

　インド神話の中核を成す宗教「バラモン教」の伝来以前より、インド人は地元の女神への信仰を生活の基盤に置いていた。これらの女神は「母神（アンマン）」と呼ばれている。村人はバラモン教やヒンドゥー教の神々とは別に、自分たちだけが信仰する大地母神の像を村に置き、崇拝していたのだ。

　インド神話では男性の神々が主役として活躍し、女神は裏方に回ることが多い。だがそれはあくまで神話上のこと。実際の生活のなかでは、女神が持つ力、すなわちシャクティを尊重する文化が、古くからインドに根付いていたのだ。

プラーナ時代以降の新しい女神

そんな、ヴィシュヌ様のエネルギーが全部私のものだなんて！　ヴィシュヌ様は私がいなくても、強くて優しくて格好良くて、ちょっと気まぐれだけど……だからいつでもおそばにいたいんです♥

illustrated by あさな

生まれ変わっても一緒だよ

ラティ

名前の意味：愛、喜び、快楽　配偶神：カーマ
ヴァーハナ：オウム　出典：『クマーラ・プラーナ』

夫カーマの武器「サトウキビの弓」を構えたラティ。蔵：大英博物館

プラーナ時代以降の新しい女神

愛の神の妻で相棒

　ラティという名前には、愛、喜びのほか「女性が感じる性的な快楽」という意味がある。彼女はこの単語から擬人化され、愛の神カーマの妻とされた女神だ。ラティは絶世の美女ぞろいとして知られる水の精霊アプサラス（➡p114）のように美しく、その存在自体が性的な興奮と喜びを体現しているという。

　ラティとその夫カーマは、シヴァとパールヴァティー（➡p24）が結婚に至るまでの神話に登場する。それによれば、ターラカという悪魔が神々を苦しめており、これを倒せるのはシヴァの息子のみ、という予言が下った。そこでブラフマーは愛の神であるカーマと妻ラティを呼び寄せ「シヴァとパールヴァティーを結婚させるため、苦行にいそしむシヴァの恋情をかき立てよ」と命じたのだ。

　シヴァを発見したカーマが、相手の心に愛情を植えつける弓を引き絞った瞬間、気配を察知したシヴァは怒り、額の第三の目から炎を発してカーマを焼き殺してしまった。夫の死に嘆き悲しんだラティはあとを追って死のうとするが、天空から「シヴァとパールヴァティーが結婚したあと、カーマは蘇る」と声が下った。

　シヴァが結婚すると、声の予言どおり、カーマは英雄クリシュナの息子プラデュムナとして生まれ変わる。そのころラティも、人間の女性マーヤーヴァティーに生まれ変わっていた。ふたりは現世で再会し、前世と同じように結婚したという。

愛と創造の神カーマとは

　ラティの夫カーマは愛の神であり、ただそこにいるだけで周囲は春と恋に包まれるのだが、彼はさらに愛情を目覚めさせるサトウキビの弓と5本の花の矢を持っている。彼はこの弓矢で神や人間を射抜き、その人物に恋情を引き起こさせるのだ。シヴァの場合は神々からの依頼であったが、カーマは愛の神らしくイタズラ好きな性格で、もともと好んで苦行中の修行者の邪魔をしていたという。

カーマさんの本質は「創造の神、芸術の神」なんだってさ。愛欲からわき上がる芸術、それは子作りのことですなー。つまり子作りはげーじゅつなんですなー。きゃーえっちー！

illustrated by ぷち

ヴィシュヌ様に聞くインド神話③ 聖仙 人と神のパワーバランス

17ページでも紹介したけど、インド神話の世界には、すごいパワーを持った修行者がいる。場合によっては僕たち神よりすごいことをやってのける聖仙たち……インドの神話を知りたいなら、彼らについてもっと知ってもらいたいな。

聖仙（リシ）とは、漢字では仙人、聖賢とも訳され、インド神話に登場する種族のなかでも謎めいた存在である。一般的に聖仙は、2本の手足など人間男性とまったく同じ外見をもち、人間の修行者であるように描かれている。

聖仙の両親も人間であることが多いが、なかには創造神ブラフマーが直接生み出したり、神々の精液から生まれたりと、人間なのか神なのかわからないような生まれの者もいる。また聖仙の息子や娘が神々の一員として扱われることもあるため、神と聖仙と人の垣根は非常にあいまいである。

神をも越える!? 聖仙の強大な力

聖仙は基本的に穏やかな性格であり、みずから積極的に世界の出来事に関わることは少ない。だがひとたび彼らを怒らせれば、神々ですら手が付けられないほどの力を発揮して無礼者を罰し、世界を作り替えてしまう。

アガスティヤという聖仙は、世界の海水を飲み干してしまったことがある。アスラの一族が昼間は海に潜み、夜になると聖仙を殺してまわるので、隠れ場所を無くすために海を乾上がらせたのだ。

ほかにも、インドラ神にかわって天界の王となったナフシャは、聖仙たちを自分の輿の担ぎ手にする横暴を働いていた。聖仙は素直に従っていたが、ナフシャが聖典『ヴェーダ』の聖句を批難し、聖仙アガスティヤの頭に足で触れる非法を働いた。これによりナフシャは呪われ、天から落ちて大蛇になったという。

聖仙の輿と、天から落ちるナフシャの絵。20世紀に出版された『マハーバーラタ』の挿絵より。

聖仙は、インドの司祭階級バラモンと深い関わりがある。バラモンたちはみんな、自分の祖先がどの聖仙なのかを示す特別な名前を持っているんだ。
ちなみにインドの神話を作ったのはバラモンたちだ。自分たちのご先祖様が神様にも負けないって書いてあれば、彼らバラモンの地位も高まるってわけだよ。

女神の化身

Avatāra of devīs

　インド神話では、神が本来の名前と姿を一時的に捨てて、別の姿、別の存在として生まれ変わることがあります。これを神の「化身（アヴァターラ）」と呼んでいます。

　この章で紹介するのは、ここまでのページで紹介してきた主要な女神たちが「化身」して神話に登場した存在です。化身後も女神として活躍する者、人間の姿を持って生まれてくる者などさまざまですが、いずれも神話において大事な役目を果たしています。

Illustrated by 潮湘七巳

カーリー

神の“化身”（アヴァターラ）

ねえラクシュミーさん、24ページに、シヴァ様には奥さんがたくさんいるって書いてあったよね。
いわゆる一夫多妻ってやつなのかな？

そう思われがちなのですが、そうではないんですよ。
インド神話の神は、姿と名前を変えて神話に登場することがあるんです。
これを私たちは“化身”、「アヴァターラ」と呼んでいるんですよ。

化身するヴィシュヌ神

神々が姿を変え、別の名前を名乗って神話にあらわれた存在を、インドでは「化身（アヴァターラ）」と呼んでいます。

神々のなかで「化身」がもっとも有名なのは、世界の維持と繁栄を担当しているヴィシュヌ神です。

「世界の維持」という役目のため、ヴィシュヌは積極的に世界に関わる必要があります。そのときヴィシュヌは、しばしば自分の化身を派遣することで、正体を隠したまま世界に介入するのです。

ヴィシュヌの十大化身

神魚マツヤ	王子ラーマ
神亀クールマ	英雄クリシュナ
神猪ヴァラーハ	英雄バララーマ
人獅子ナラシンハ	最終化身カルキ
矮人ヴァーマナ	

くわしくは
127ページで！

“神の化身”が生まれたホントのウラ事情

こうやって僕やシヴァの奥さんたちはいろんなものに化身しているんだけど……実はこの設定ができたのには、人間のみんなの割と生臭いウラ事情があるんだよね。

神の化身（アヴァターラ）という設定は、インドの神話に古くから存在したものではありません。この設定は「バラモン教」の衰退以降、神々の信者たちが繰り広げた熾烈な「信者獲得競争」の結果生まれたものだと考えられています。この設定を生み出した2派の戦略を見てみましょう。

化身で"夫についていく"女神

というわけで、僕はこんなふうに、あっちこっちに化身を送り込んでいるわけだけど……そのたびにラクシュミーも手伝ってくれるんだ。
ひとりじゃないってのはうれしいことだよ。

　ヴィシュヌ神が化身をする場合、ヴィシュヌの妻である女神ラクシュミーも化身して「化身の妻」になります。その代表例が、18ページでも紹介した英雄物語『ラーマーヤナ』の英雄ラーマ王子と、その婚約者であるシーターです。シーターはラクシュミーの化身だとされています。

というわけで、わたしもヴィシュヌ様と一緒に化身してるんですよ。

シヴァ神一家は妻だけが転生する

ヴィシュヌ様と並ぶ人気者、破壊神シヴァ様はたくさんの奥様がいます。
ですがこの奥様たちも、ひとりの女神様の"化身"らしいんです。

　十大化身をはじめとして数多くの「化身」を持つヴィシュヌ神と違い、シヴァ神が自分の化身を派遣することはほとんどないようです。
　シヴァ神の関係者のなかで化身をするといわれているのは、彼の妻たる女神たちです。シヴァ神にはパールヴァティー、ウマー、ドゥルガー、カーリーをはじめとする非常に多くの妻がいますが、シヴァを信仰するヒンドゥー教シヴァ派の一部の解釈によると、これらのシヴァの妻たちは、みなひとりの女神が化身したものなのだといいます。

シヴァ派の戦略
ローカル信仰を取り込む！

　インドの大地は広大であり、地域ごとに「その地域だけで信仰されている」女神がいることがめずらしくありません。そこでシヴァの信者たちは、土着の女神を信仰する者たちをシヴァ派に取り込むため、「君たちが信仰する女神は、シヴァ神の妻の化身だ」という設定で教えを広めました。

ヴィシュヌ派の戦略
物語のファンを取り込む！

　ヴィシュヌを信仰するグループが目を付けたのは、インドに伝わる神話や英雄物語でした。彼らは、神話で重要な役割を果たした生物や、英雄物語の主人公を「ヴィシュヌ神の化身である」と主張し、神話の信奉者や物語のファンをヴィシュヌ信者として取り込みました。

みんなの怒りを分けて頂戴！
ドゥルガー

別名：チャンディカー、アンビカー　名前の意味：近づきがたい女　配偶神：シヴァ
ヴァーハナ：トラ、ライオン　出典：『デーヴィー・マーハートミャ』

戦いのために生まれた女神

　破壊神シヴァには多数の妻がいるが、その妻たちはみなひとりの女神が姿を変えたもの、すなわち「化身」だと考えられている。ドゥルガーはシヴァの妻パールヴァティーの化身とされ、女神の「恐ろしい」側面を強調した存在である。

　ドゥルガーは 10 本以上の腕を持ち、その一本一本に神々の武具を持った、強力無比な戦いの女神である。額には夫シヴァ神と同様に第 3 の目があり、虎またはライオンに乗った姿、またはアスラ族の男を足蹴にした姿で描かれる。

　女神ドゥルガーはインドで絶大な人気を誇る。以下に紹介するドゥルガーの神話はインド全土で親しまれており、各地に彼女を祀る寺院が存在する。

神々の怒りの光から誕生

　ドゥルガーの誕生と活躍は、5 世紀ごろの教典『デーヴィー・マーハートミャ』に紹介されている。

　雷神インドラが神々の王をつとめていた古い時代、神々はアスラ王マヒシャの軍勢に敗れ、劣勢になっていた。神々がシヴァ神とヴィシュヌ神に相談すると、ふたりは激しく怒りはじめた。怒りはほかの神々にも波及し、神々の身体から熱い光がほとばしる。すると光はひとつに凝り固まり、女神の姿となった。そう、ドゥルガーは神々の怒りから生まれたのだ。

牛に変身したマヒシャを殺すドゥルガーの像。12世紀ごろの作。インド、カルカッタ州ヘイルビードゥの寺院蔵。

　戦うために生まれてきた女神の到来に神々は喜び、こぞって自分が愛用する武器を贈った。シヴァの矛トリシューラ、ヴィシュヌの戦輪スダルシャナ、インドラの雷を発する武器ヴァジュラなど、神々が持つ最強の武具を手にしたドゥルガーは、単身アスラ族の軍に襲いかかった。そしてアスラの軍勢をあっというまに壊滅させ、変身を駆使して抵抗するアスラ王マヒシャを完封し、足で踏みつけて首を切り落としたのである。神々全員があれほど苦戦したアスラ軍を単身で撃破したドゥルガーの活躍を、神々は大喜びで讃えたという。

illustrated by 蓮禾

この足に踏まれてみたい？

カーリー

別名：カーリー・マー　別表記：迦利、迦哩　異名：血と殺戮の女神
名前の意味：黒い、時間　配偶神：シヴァ　ヴァーハナ：ライオン
出典：『デーヴィー・マーハートミャ』、古代南インドの土着の神？

血と殺戮の女神

　84ページで紹介したドゥルガーは、最強の女神として神々の力で生み出された戦女神だ。だがインド神話には、もっと凶暴な女神がいる。それが血と殺戮の女神「カーリー」である。彼女は破壊神シヴァの妻であり、女神パールヴァティーやドゥルガーの化身、または「凶暴な側面があらわれた相のひとつ」とされる。

　カーリーという名前は、「時間」または「黒」を意味する単語から来たもので、名前のとおりカーリーは黒い肌で描かれる女神だ。額に第3の目を持ち、恐ろしい表情で長い舌をだらりと垂れ下がらせ、4本の腕にはドクロの杖と剣、そして羂索（けんさく）（輪っかつきのロープ）を持っている。そして肉がしなびた体に虎の皮をまとっているという、まるで悪鬼のような外見である。神話における彼女は、血と殺戮を好み、正気を失って暴走する手の付けられない暴れ神として語られている。

戦いのなかで理性を失う

　カーリーの出生や活躍は、女神ドゥルガーと同じく、聖典『デーヴィー・マーハートミャ』で語られる。

　女神ドゥルガーが、世界を支配しようとするアスラ族と激しく戦う最中、彼女の額が怒りで真っ黒に染まる。するとドゥルガーの額からカーリーが生まれ出たのだ。

　カーリーは敵を口に放り込んで噛み殺す残虐な戦いを展開。ラクタビージャというアスラは「彼の血が大地に落ちると、そこに新しいラクタビージャが生まれる」というやっかいな敵だが、ドゥルガーが武器で切り裂き、流れた血をカーリーの長い舌で受け止め、口の中で生まれたアスラを噛み殺すという連携で、ラクタビージャを失血死させた。

インド東部、コルカタの寺院にある現代風のカーリー像。足下にカーリーに踏まれて衝撃を吸収しているシヴァがかたどられている。

　この戦いのあと、カーリーは勝利の高揚で踊りはじめたが、足踏みが強すぎて世界が崩壊しそうになったため、やむなくシヴァがカーリーの下に横たわって腹を踏ませ、踊りの衝撃を受け止めたと言われている。

カーリーさんはもともとパールヴァティーさんやドゥルガーさんとは全然関係ない女神だったのですが、シヴァ様を信仰する宗派に取り込まれて、ドゥルガーさんの一側面という地位になったそうですね。

illustrated by ヤグラヨウ

宇宙一かわいいよ！
トリプラスンダリー

名前の意味：美と三界の女神　配偶神：シヴァ
出典：聖典『ブラフマンダ・プラーナ』

ヒンドゥー教と密教の女神

蓮の花に乗るトリプラスンダリー。19世紀ごろの作品。英ブリッジマン・アート・ライブラリー蔵。

「トリプラスンダリー」という長い名前を持つこの女神は、「女神の化身」の章で紹介してきた女神と同様、破壊神シヴァの妻パールヴァティーの化身、あるいは別側面のひとつとされる女神である。

聖典『ブラフマンダ・プラーナ』によれば、トリプラスンダリーは非常に美しい女神であり、その美しさが具体的な表現で紹介されている。いわく、大きな胸と細く締まった腰をもち、笑顔は彼女の夫シヴァのみならず、愛の神カーマ（➡p78）すら圧倒する。頭には三日月状の飾りをつけ、多くの宝石で身を飾っている。そして女王のように玉座に座っているのだが、その玉座はなぜか、創造神ブラフマー、維持神ヴィシュヌ、破壊神シヴァ、暴風神ルドラの遺体で支えられているのだという。

トリプラスンダリーという名前は、「三界の都」という意味のトリプラと、「美しい」を意味するスンダリーの合成語である。インドで三界とは「天、空、地上」の３つの世界、すなわち宇宙のすべてを指す。つまりトリプラスンダリーは、宇宙のすべてに通じるほど美しい女神ということにもなるだろう。

このトリプラスンダリーは、76ページで紹介した、女神の持つエネルギーを信仰対象にするヒンドゥー教の一派「シャクティ派」で熱心に崇拝される女神である。特にシャクティ派の主流である「シュリー・クラ派」では主神となっている。

十大女神マハーヴィディヤー

トリプラスンダリーは、インド神話の十大女神マハーヴィディヤーの一員として知られている。マハーヴィディヤーとは「輝く広大な知識を持つ者」という意味で、シヴァの妻や、その娘たちで構成されている。86ページで紹介したカーリーがマハーヴィディヤーの筆頭であり、トリプラスンダリーは第三位に位置している。

トリプラちゃんは私のチームメイト！　アイドルユニット「マハヴィディヤ」は、86ページのカーリーをリーダーに、10人のメンバーで全インドツアーをやってるよ。握手しにきてね、手なら多いし！

illustrated by きゃっとべる

誰でも崇拝していいんだよ？
マータンギー

別名：ラージャ・マータンギー　　名前の意味：メスのゾウ
配偶神：シヴァ　　出典：古代不可触賤民の信仰？

インドの厳しい身分制度

　このページで紹介する女神マータンギーのことを知るには、まずインドの厳しい身分制度、俗にいう「カースト制度」について知る必要がある。インドでは、すべての人間は司祭階級、王侯・軍人階級、職人・商人階級、労働者階級の4階層に分かれ、階層の異なる者は一緒に食事をとることすら許されなかった。

　また「不可触民」という被差別階級もあった。彼らはインド人が宗教的理由で嫌う"穢らわしい"仕事に従事し、人間扱いされていなかった。彼らは聖域である寺院に入れないばかりか、神に祈りを捧げることすら許されていなかったのだ。

女神マータンギーが信仰される理由

　現実社会のみならず信仰の世界でも差別されていた彼ら不可触民は、女神マータンギーを熱心に信仰していた。彼女は10柱の女神「マハーヴィディヤー」の9番目に位置するシヴァ神の妻で、話術、音楽、芸術、知識などの守護神である。腕の本数は2本またはそれ以上。手に持つ物品は2パターンあり、「ウチシタ・マータンギー」と呼ばれる形態ではエメラルド色の肌で描かれ、剣、牛追い棒、投げ輪、棍棒を持っている。「ラージャ・マータンギー」という形態では、女神サラスヴァティー（➡p22）も愛用するヴィーナという楽器を弾き、オウムを連れている。

　不可触民がマータンギーを崇拝した理由は明らかである。マータンギーは、インドの神々が激しく嫌う「穢れ」を嫌がらない。彼女は穢れの塊である死体の上に座って美しい笑顔を浮かべ、まともなインド人なら"穢れている"と感じて絶対に食べない「残飯」を、神への神聖な供物として受け取ってくれるのだ。

　ゴミ掃除、死体処理、家畜の屠殺と食肉加工などの"穢れた"仕事に従事して差別の目にさらされている不可触民にとって、自分たちと同じ穢れに濡れ、穢れたものを笑顔で受け取るマータンギーは、熱心な崇拝の対象となるのである。

マータンギー女神の肖像。作者不詳、18世紀後半の作品。ブルックリン美術館蔵。

最近じゃ歌や踊りって立派なお仕事になったけど、むかしはこういうお仕事って「被差別階級」の人たちがやってることが多かったんだ。だから私は歌手や踊り子さんの守護神なわけだー。

女神の化身

90

illustrated by KAZTO FURUYA

浮気と戦争と輪廻転生

ターラー

名前の意味：星　配偶神：ブリハスパティ、チャンドラ
出典：『バーガヴァタ・プラーナ』

不倫、それとも誘拐?

　インドの言葉で「星」を意味する名前を持つターラーは、紹介される文献によって
まったく異なる描かれ方を見せる女神である。まずはヒンドゥー教の新しい教典『バー
ガヴァタ・プラーナ』で紹介されるターラーの逸話を紹介しよう。

　ターラーは、神々の師である偉大な聖仙ブリハスパティの妻である。だが彼女は別
の男神と浮気をしたことがある。その浮気相手とは、月の神チャンドラである。

　チャンドラにターラーが恋して、あるいはチャンドラがブリハスパティのもとからター
ラーを強引にさらって、ふたりの生活が始まった。ブリハスパティやほかの神々は、ター
ラーを夫のもとに戻すよう圧力をかけるが、チャンドラは聞き入れない。この争いを
見た神々の宿敵アスラ族はチャンドラに味方し、これをきっかけに「ターラカー戦争」
と呼ばれる神とアスラの大戦争が勃発してしまう。

　戦争は創造神ブラフマーの調停でなんとか終結したが、
ターラーが夫のもとに戻ると、彼女は妊娠していた。生
まれた男子が金のように輝いていたためブリハスパティと
チャンドラの双方が子供を欲しがり、他の神々もターラー
に「いったいどちらの子なのか」と真実を話すよう迫っ
た。ターラーはしばらく回答を拒否していたが、当事者
である子供が、母親に本当のことを言うよう求めたため、
ターラーは息子がチャンドラの子だと告白したのだった。

像。国立民族学博物館蔵。ネパールで作られたターラー女神の

　この子供はブダ（賢者）と名付けられ、チャンドラの元で育てられたという。

マハーヴィディヤーとしてのターラー

　ヒンドゥー教から7世紀ごろに派生した、儀式を重要視するタントラ教（密教）で
は、ターラーは特に重要な10の女神のグループ「マハーヴィディヤー」の2番目
に挙げられている。マハーヴィディヤーとしてのターラーは破壊神シヴァの妻であり、
人類を保護し、救済する女神である。彼女は輪廻転生と深く関わる存在で、人々を輪
廻の話から救済する、すなわち「解脱」に導くための究極の知識を提供するという。

　ターラーさんは仏教にも取り入れられて、中国や日本では多羅菩薩、多
羅観音なんて名前で呼ばれています。手に青い蓮の花を持った仏様を見
つけたら、それがターラーさんですよ。

illustrated by BRLL

我が子の恨みは末代までも

ウマー

名前の意味：制止の言葉　配偶神：シヴァ　出典：『ラーマーヤナ』

修行熱心なシヴァ神の妻

ウマーは破壊神シヴァの神妃とされる女神のひとりであり、神妃の穏やかで慎しみ深い側面を表すとされる。その性質ゆえに、神妃のなかでも穏やかな性格を持つパールヴァティー（→p24）と近い存在、または同一存在とされることが多い。

彼女はシヴァの最初の妃サティー（→p60）が、ヒマラヤ山の神の娘として転生したもので、ガンジス川の女神ガンガー（→p34）の姉妹とされるが、この出自もパールヴァティーと同じである。

ウマーと夫シヴァ神の像。インド北部ウッタル・プラデーシュ州、8世紀後半の作品。ロサンゼルス都美術館蔵。

ウマーと夫シヴァの神話

ウマーとシヴァの結婚については、パールヴァティーとほぼ同じ内容の神話が残されている。母親が止めるほどの過酷な苦行をへてシヴァの妻となったウマーだが、英雄物語『ラーマーヤナ』によれば、神々はウマーの子が強大な力を持つことを恐れ、シヴァに対して、精液を出さずに体内にとどめるよう求めたという。シヴァが要望に応えたため、シヴァの精液はウマーの体内に入らなかったが、漏れ出た精液が大地に降り注ぎ、そこから強力な軍神スカンダが生まれた。

もちろんウマーはこれに激怒した。彼女はシヴァの子供を妊娠したくて結婚したのに、神々にそれを妨害されたのである。そこでウマーは神々と大地に対して「神からも大地からも子供が生まれない」という呪いをかけたという。

上の神話は神々がウマーを怒らせた話だが、逆にウマーが神々と世界に迷惑をかけた神話もある。あるときウマーは、瞑想中のシヴァの両目を、両手で隠すイタズラをした。すると世界はたちまち暗闇に包まれてしまったという。まもなく、シヴァの額に太陽のごとく輝く第3の目があらわれ、暗闇が取り払われたが、第3の目から発せられる熱があまりに強く、ウマーの故郷ヒマラヤ山すら焼き尽くしてしまった。のちにヒマラヤ山は、ウマーの懇願に応えたシヴァが再生させたという。

シヴァ様の奥様はたくさんいるのに、みんな同じ女神という扱いなので、神話ごとに呼び名が違って混乱してしまいます。まあ、私もラクシュミーだったりシュリーだったりするので人のことは言えませんけど……。

女神の化身

illustrated by 冬月走

夫のゆくところに正妃あり

シーター

名前の意味：田のあぜ　配偶神：ラーマ　出典：『ラーマーヤナ』

インド叙事詩の一大ヒロイン

新しい時代のインド神話の多くは、ヒンドゥーの聖典とされるふたつの英雄物語『マハーバーラタ』と『ラーマーヤナ』に集約されている。シーターは古い聖典『ヴェーダ』の時代には農業の女神とされていたが、『ラーマーヤナ』では、人間の女性となって物語のヒロイン役をつとめている。だが彼女の正体は、主人公ラーマ王子に化身した維持神ヴィシュヌに呼応した、その妻ラクシュミーの化身だとされる。

ラーマとシーターの像。撮影：Ayan Gupta

物語によれば、彼女はとある王が地面を掘ったときに土中から見つけた娘で、それゆえ王は、畑などに掘る"畦（あぜ）"を意味するシーターと名付け、養女とした。そのあとシーターはラーマ王子と結婚するが、ラークシャサ族の王ラーヴァナに誘拐されてしまう。シーターを救うため、ラーマ軍はラーヴァナ軍に戦争を挑むのである。

最終的にラーマ軍は勝利し、シーターは無事救い出されるのだが、ここにインドならではの問題が待ち構えていた。ラーマはシーターの貞淑（ていしゅく）を疑い、シーターを拒絶したのだ。インドは女性の純潔を尊ぶお国柄で、妻が夫以外との性交渉を"したかもしれない"だけで、その女性は"汚らわしいもの"とみなされてしまうのである。

そこでシーターは身の潔白を証明するため、大衆の前で薪を積んで大火を起こし、みずから火中に身を投じる。嘘をついていれば焼かれて死ぬ、という神明裁判（しんめいさいばん）だ。もちろんシーターは潔白であり、業火の中にありながら火傷ひとつ負わない。やがて火神アグニが彼女を抱き上げ、その身の潔白は神のお墨付きで証明された。

後世に付け加えられた最終章

『ラーマーヤナ』が作られた当初は、シーターが身の潔白を証明してのハッピーエンドで終わっていた。だが、そののちに追記された結末で「シーターは民衆に受け入れられず、国外追放される」というエピソードが追加された。インド人の厳しい貞操観念は、神が純潔を証明したシーターすら拒絶したのである。

シーターじゃなくて「シータ」って名前、聞いたことない？　宮崎駿監督の『天空の城ラピュタ』のヒロインのモデルは、この女神だって話があるよ！　ラピュタのビームも「インドラの矢」なんて言われてるし。

女神の化身

illustrated by ほぺぺ

ダンナ様は5人いる
ドラウパディー

別名：パーンチャーリー、クリシュナー、ヤージュニャセーニー　名前の意味：ドルパタの娘
配偶神：パーンダヴァ5兄弟　出典：『マハーバーラタ』

世にも珍しい「一妻多夫」の女性

　英雄物語『マハーバーラタ』の美しきヒロイン「ドラウパディー」は、女神サティー（→p60）が転生して地上に生まれた化身である。彼女は浅黒い肌を持つ絶世の美女であり、なんと同時に5人の男性の妻になったという逸話で知られる。

　ドラウパディーは、ドルパタという王が敵を呪う儀式の最中「この者が大戦争の引き金になる」という予言とともに、祭壇の火のなかから成人した姿で生まれた。

　このあと、ドラウパディーの婿取りの儀式が行われ、これにパーンダヴァ5兄弟の三男であるアルジュナが勝利する。そしてドラウパディーを家に連れ帰ったところ、母親は女性を連れてきたとはつゆ知らず、いつものように食べ物を集めてきたものと勘違いし「持ち帰ったものは皆で食べなさい」と発言してしまった。これによってドラウパディーはパーンダヴァ5兄弟の共通の妻となったのである。

　やがて5兄弟は国を統治する王となるのだが、彼らは従兄弟の百兄弟の仕組んだイカサマ博打で地位も財産も妻ドラウパディーも奪われてしまう。そしてドラウパディーは「公衆の面前で服を脱がされる」という屈辱を受けた。しかしヴィシュヌの化身である英雄クリシュナが、彼女が服を1枚脱がされるたびに1枚の服を着せたので、彼女の最低限の名誉は守られたという。

　そのあともドラウパディーと夫たちの苦難の日々は続いたが、13年の放浪ののちに国を奪った従兄弟たちとの大戦争に臨み、息子全員と一族のほとんどを戦死させつつも王位の奪還に成功する。ドラウパティーはその後36年にわたり王妃の座に君臨したが、最後は夫たちとともに世を捨てたという。

一妻多夫婚は前世の因果

　ドラウパディーが5人の夫を持つことになった原因は、夫婦6人の前世にあった。

　まずひとつめ。かつてインドラ神がシヴァ神に反抗して敗れ、その罰としてインドラは5人の男に転生し、女神サティーの化身を妻にすることが決められていたこと。もうひとつには、ドラウパディーの前世である娘が、シヴァ神に5回も「夫が欲しい」と願ったため、5人の夫を迎えることになったことである。

脱がしても脱がしても、最後の1枚がなくならない！
まあクリシュナさんが神パワーで着せてるからなんだけど、タマネギの
皮をむいてるみたいでちょっと笑えてきますにゃ〜。

illustrated by Hirno

どうかわたしを奪ってください！
ルクミニー

名前の意味：輝くの派生形　配偶神：クリシュナ　出典：『ヴィシュヌ・プラーナ』

みずから望んで奪われた花嫁

　英雄物語『マハーバーラタ』には、物語の主人公であるクリシュナが、ヒロイン「ルクミニー」を結婚式場からさらってしまう「略奪婚」の物語が語られた一節がある。略奪婚は世界の神話や伝説でよく見られるが、この物語では、軍隊を使った非常に大がかりなものになっている。

　ある王家の美しい娘ルクミニーは、クリシュナに恋をしていた。ふたりの仲には両親も賛同していたのだが、兄のルクミンだけはクリシュナを敵視しており、妹の恋に反対する。しかも兄は、妹と別の男性との婚約を勝手に決めてしまった。

クリシュナがルクミニーを誘拐する場面を描いた絵。1895 年ごろの作品。

　結婚式の日を間近に控えたある日のこと。ルクミニーは意を決し、クリシュナにひそかに「望まぬ結婚を強いられている。私を誘拐して救い出し、あなたの妻にしてください」という内容の手紙を出した。これを受けクリシュナは、婚礼の日を前に諸国の王が集まっているところへ軍勢を率いて突入した。そしてクリシュナは単騎会場へと入り、ルクミニーを抱えてその場を立ち去ったのである。

　花嫁を奪われ面子も潰された兄と結婚相手の男性は、ルクミニーを取り戻すべく大軍を率いてクリシュナ軍の追跡を行ったが、クリシュナ軍は彼らをいとも簡単に蹴散らし、クリシュナはルクミニーの依頼通り略奪婚を果たしたのである。

夫婦神の地上での再婚

　実はルクミニーとクリシュナが奇妙な略奪婚で結ばれたのは、彼らの前世の導きによるものだった。まず花嫁を略奪したクリシュナは、維持神ヴィシュヌの化身だ。そして花嫁ルクミニーは、ヴィシュヌ神の妃である女神ラクシュミー（→p26）の化身なのだ。ラクシュミーは各地に化身するヴィシュヌ神にしたがって化身を送り込み、ヴィシュヌ神の化身の妻にする。ラクシュミーのはからいにより、天界の夫婦関係が地上でも再現されたというわけだ。

インドの花嫁さんは、右のイラストのような赤い入れ墨「メヘンディー」で両手を飾ります。これは私が大好きな「ヘナ」という植物染料を使ったもので、赤がきれいに出れば花嫁さんは幸せになれるんですよ。

女神の化身

illustrated by マグカップ

ヴィシュヌ様に聞くインド神話④　ヨーガとチャクラ

中国の健康運動といえば太極拳。ではインドの健康運動といえば？「ヨガ」って名前を知ってる人もいるんじゃないかな。正しくは「ヨーガ」っていうんだけど、これ、実はヒンドゥー教の修行法なんだよ。

インドにおける伝統的な修行法「ヨーガ」。ヨーガとは「家畜を車とつなぐ」「結びつける」という意味の単語である。この名前が示すように、ヨーガでは「人間が自分の肉体と精神を、家畜をあやつるように完璧に制御する」ことを目指す。ちなみに仏教の修行法である座禅も、ヨーガの流れをくんでいる。

ヨーガの起源はインドの歴史のなかでは比較的新しく、体系化された文献は今から1600年前、4～5世紀の『ヨーガ・スートラ』まで待たなければならない。筆者のパタンジャリは、「ヨーガとは心の働きを抑制することである」と語り、深い瞑想によって自己と対話するために必要な技術を解説している。そのなかには呼吸法、座り方（座禅の姿勢など）なども解説されているが、これらはあくまで「肉体と精神をリラックスさせるために有利なテクニック」を示しているだけであり、リラックスできるなら作法は必須ではない。

解脱への通り道『チャクラ』

ヨーガと密接に関わる宗教的概念に「チャクラ」がある。これは人間の生命力そのものである風の元素「プラーナ」が流れる道であり、肛門と性器の中間にある「ムーラダーラ・チャクラ」から始まって、身体の中心部を貫くように6つのチャクラが並んでいる。これらのチャクラを通って上昇したプラーナは、頭頂部にある「サハスラーラ」で開花し、人間を輪廻転生からの解放「解脱」へと導くという。

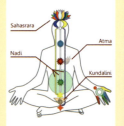

6つのチャクラとサハスラーラを示した図。6つのチャクラがナディという経路でつながり、最下部の逆三角形のなかにクンダリニーが宿っている。心臓部には魂アートマンがある。

チャクラの機能については、流派によって内容がまったく異なるのでここでは深く解説しないが、女神を語るうえで重要なのは、一番下にある「ムーラダーラ・チャクラ」である。ここには蛇の姿をした女神クンダリニーが宿っているとされる。クンダリニーは76ページで紹介した女神シャクティと同じ存在であり、これがチャクラを徐々に昇って、頭頂部サハスラーラで花咲いた状態を「クンダリニー覚醒」と呼ぶ。これが完全に覚醒すれば解脱につながるが、中途半端な覚醒は幻覚、肉体の痙攣などさまざまな身体的異変をもたらすという。

女神の化身

地方の女神

Devīs in local area

　ヒンドゥー教の神話には、基本的にインドで信仰されている神々だけが登場します。ですがインドの周辺地域には、ヒンドゥー教の神々が広まったり、インドの文化が流入したことで、「ヒンドゥー化」した土着の神々が多数存在しています。

　この章では、ヒマラヤ山脈の国ネパール、インド南東の島国スリランカなどのインド周辺国で信仰されている、ヒンドゥー的な特徴を持つ女神を紹介します。

Illustrated by 湖湘七巳

ボノビビ

東洋の魔女とは私のことよ

ヨーギニー

名前の意味：女性ヨーガ行者、魔女　配偶神：シヴァ　出典：『リグ・ヴェーダ』

『ヴェーダ』の神から邪悪な魔女へ

102ページで紹介したとおり「ヨーガ」とは、インドの修行者が輪廻転生から「解脱」するための修行法であり、ただの健康法ではない。さらに宗派によっては、ヨーガは魔法のような、呪術的なものだと理解されていた。ヨーガの理論で修行し、呪術を行使する女性を指して、インドでは「ヨーギニー」と呼んでいる。

古い聖典『リグ・ヴェーダ』によれば、ヨーギニーは女神だった。彼女たちは偉大な母神デーヴィーが持つ一側面であり、讃歌も書かれていた。

時代が進むと、ヨーギニーは破壊神シヴァの妻ドゥルガー（➡p84）の従者という立ち位置に変化する。彼女たちはドゥルガーが自分と夫に奉仕させるために生み出した存在で、その人数は8人とも60人とも、64人、65人ともいわれている。彼女たちは4本の腕を持ち、ドクロの杖、剣、縄、人間の生首を持った恐ろしい姿で描かれる。また、女神カーリー（➡p86）のように血の供儀を好んだという。

11〜12世紀に入ると、ヨーギニーは仏教とヒンドゥー教の両方で語られるようになり、最初に示した魔女のような存在に変質した。彼女たちは超能力を持ち、空を飛び、人間を動物の姿に変えてしまうという。

忌み嫌われるヨーギニー

このように魔女的なヨーギニーに関する信仰や迷信は、インド本国よりも、インドの北隣、チベットやネパールに色濃く残っている。

ヨーロッパにおいて魔女が弾圧されたのと同じように、ヨーギニーもまた危険視される存在である。特に近代の人権意識が行き届いていない地方では、ヨーギニーだと決めつけられた女性が、村人から私刑の対象になることもめずらしくない。

西洋において「魔女はホウキに乗って空を飛ぶ」という迷信があり、インドにおける魔女ヨーギニーもまた「神秘的な力で空を飛ぶ」と伝えられている。古代史研究家である大和岩雄によれば、これら「魔女は空を飛べる」という考え方の起源は、世界中に残されている普遍的な神話や物語「太古の翼を持つ大女神や鳥女などの伝承」に遡るのだという。

インドでは今でも「ヨーギニー狩り」を禁止する法律があってね。法律があるってことは、それを破るやつがいるってことで。インドに行ったらヨーギニーっぽい言動をしちゃだめですぞ。

地方の女神

illustrated by ごまし

国王もひれ伏す生き神幼女

クマリ

別名：クマリ・デーヴィー　別表記：クマーリー　異名：ロイヤル・クマリ
名前の意味：少女の派生形　ヴァーハナ：孔雀　出典：ネパールの伝統文化

現代に伝わる「生きた女神」

インド神話は「生きた神話」だといわれる。それは、インド神話にはキリスト教の聖書のような "不変の教典" がなく、信仰のあり方や神話の内容が、時代と流行にあわせて常に変わり続けているからだ（➡p112）。

神輿に担がれて姿を見せるクマリ。撮影：Manjari Shrestha

インドの北隣、ヒマラヤ山脈の国ネパールには、生きた神話どころか「生きた女神」がいる。「クマリ」と呼ばれるその女神は、ネパールに住むネワル族の宗教文化であり、一言でまとめるなら「生きた少女を神に祭りあげた」存在である。

クマリはひとりだけではなく、各地に地方ごとのクマリが立てられている。だがクマリのなかにも序列があり、最高位の神格を持つクマリは、ネパールの首都カトマンズにある「クマリの館」に住み、「ロイヤル・クマリ」と通称される。

ロイヤル・クマリに選ばれるのは「首都カトマンズに三代以上住む家系で仏教徒、金銀細工師のカーストで、初潮を迎える前の少女」のみである。これだけでも相当に厳しい条件だが、さらに美しい歯や繊細な手足などの見た目、切り落とされた動物の頭部が並んだ暗い部屋に閉じ込められても動じない精神など、32 もの条件すべてに適合した少女のみが女神クマリとなる資格を得るのだ。

クマリとなった少女のその後

ロイヤル・クマリを襲名した少女は、旧王家の隣にある「クマリの館」に住み、祭典など特別な理由がない限りは館から出られなくなる。彼女が人々の前に姿を見せるときは、真紅の衣装に蛇の首飾りを下げ、額にはシヴァの印である第三の眼が描かれるか、あるいは同等の装飾具を付ける。そして少女は女神として日々崇拝を受け、王すらもクマリにひれ伏し、その一挙手一投足から予言を授かるのだ。

クマリは初潮とともに神性を失うとされており、代替わりが行われる。前任のクマリは家族のもとへ戻り、そのあとは元の普通の少女として生活することとなる。

2017 年 9 月に新しくロイヤル・クマリに選ばれたトリシュナ・シャキアちゃんは、なんと若干 3 歳です。
初潮がくるまで、クマリのお務めがんばってくださいね。

illustrated by しかげなぎ

世界遺産の森の守護神
ボノビビ

別表記：バンビビ　名前の意味：森の女性、森の女神　出典：ベンガル地方の土着信仰

西ベンガルの土着の女神

ユーラシア大陸から南に突きだした、インド周辺の地形を「インド亜大陸」という。このインド亜大陸の北東部、聖なる川ガンジスの河口付近の地域は、ベンガル地方と呼ばれている。ベンガル地方は海水と川の水が入り交じった水域に、根っこがホウキのように地上に出ている樹木類「マングローブ」の林が生い茂っている。このページで紹介する女神ボノビビは、このベンガル地方の西部で信仰されているローカルな女神である。

ボノビビの伝承物語の内容を演している。赤い服の女性がボノビビ役。左下の虎にも注目。撮影：Sayamindu Dasgupta

ボノビビは世界遺産であるマングローブの群生地帯「シュンドルボン」の守り神で、ベンガル地方の名物であるベンガルトラに乗った姿で描かれる。

ベンガル地方の神話によれば、かつて虎と人間は仲がよかったが、虎に化けて人を襲った悪魔ドッキライのせいで敵対するようになってしまった。ボノビビはドッキライを倒し、殺そうとするが、仲裁者ガジの助命嘆願を受け入れる。そのかわりにドッキライの一派は人間を害さないことを約束した。逆にボノビビのほうも、人間が虎を害さないように、皆を家族として扱うようになったという。

この神話から、ボノビビは「人間を虎の脅威から護る女神」とされている。今でも虎が棲息する区域へと入るベンガル地方の人々は、その前にかならずボノビビの祠に立ち寄り、ベンガルトラに襲われないようにと道中安全の祈りを捧げている。

諸宗教が交わって生まれた女神

ボノビビの神話には、語られている場所がインドであるにも関わらず、イスラムの神アッラーや聖地メッカ、ヒンドゥーの身分制度が同時に登場する、双方ごった混ぜの内容である。それゆえかボノビビは、双方の信者から祈りを捧げられる。

歴史家のリチャード・イートンは「森の中においては人間も動物も、身分も宗教も関係なく、すべての命の価値は平等になる。人間を自然の脅威から護ってくれるボノビビが、森に関わる人々すべてに祈られるのは自然なこと」と解説している。

ベンガルトラってゾウとかワニだって倒せちゃうくらい強いんだけど、人間が自然を開発しまくったから、今じゃ数が減って絶滅危惧種なんだ。ボノビビさんの加護で、増えるといいですなあ。

illustrated by 皐月メイ

信じてくれなきゃひどいわよ

パッティニ

名前の意味：不明　出典：スリランカの土着信仰

スリランカの土着の女神

　インド南東の島国スリランカは、開祖ブッダの教えをもっとも原型に近い形で伝えている、敬虔（けいけん）な仏教徒の多い地域だ。一方で、日常的な生活感情を、歌や踊りなどで大げさに見えるほど身体全体で表現する文化がある。

　パッティニは主にスリランカのシンハラ人が篤（あつ）く信仰している女神で、このような陽気な国民性とは裏腹な恐ろしい病気、特に天然痘（とう）をもたらすという存在である。ただし、パッティニを信仰し祀っていれば伝染を防いでくれるという。日本の信仰でいうところの「祟り神」に近い存在かもしれない。

バニヤンの木。輪廻の象徴とされるが、枝を他の樹木に巻きつけ枯らしてしまう締め殺し植物。木から多くの枝が垂れ下がっているのが特徴。撮影：Kiran Gopi

　パッティニは特に「子供の守護女神」とされている。信者たちは妊娠してから３ヶ月ごと、子供が生まれたとき、生後何ヶ月かの区切りごとに、それぞれパッティニ女神に対する祈願と感謝の祈りの儀式を行っている。

　さらにパッティニは子供の守護のみならず、先述した伝染病の予防や病気の治癒祈願、子授け、雨乞い、災厄回避や五穀豊穣（ごこくほうじょう）などさまざまに祈られる徳の高い女神だ。そのため彼女を祀る祭壇や神殿は数多く作られているのだが、そこにはかならずパッティニと結び付けられている樹木「バニヤン・ツリー」がある。

　これら霊験と関係があるのかは不明だが、パッティニはマンゴーの実から生まれたため、出産や月経など、女性特有の穢（けが）れとは無縁の存在とされている。

パッティニとスリランカの国民性

　冒頭で述べた通り、スリランカ国民は非常に陽気な傾向にあるようで、お祭りともなれば街を挙げての大騒ぎになる。さらに仏教に属していない外部の神様でも、祭日となれば盛大にお祝いする。ヒンドゥー化した女神パッティニも例に漏れず、記念日にはパッティニを祝福しての盛大なお祭りが催され、その度に人々はヤシ酒を飲み、男も女も思い思いの話に花を咲かせるという。

　一方で病をもたらし、一方で人々を守る。パッティニさんの持つ二面性は、インド土着の女神様と良く似ています。インドとスリランカは今は別の国になりましたけど、文化を共有するお隣さんなんですね。

illustrated by イトネコウタ

ヴィシュヌ様に聞くインド神話⑤ 今も生きているインド神話

神話を支える土台が途絶えてしまったほかの神話と違って、インド神話は「今も生きている」宗教なんだ。その生き証人を紹介させてほしい。彼女は「サントーシー」。なんと、1975年に生まれたばっかりの、僕たちデーヴァの期待のルーキーなんだ！

映画から生まれた異色の女神「サントーシー」

サントーシーは富の神ガネーシャの娘で、女神ドゥルガー（→p84）の化身である。名前には「満足を与える女」という意味があり、そのとおりすべての悲しみ、問題、悪い運命を引き受け、かわりに繁栄や幸福、子宝などの、あらゆる現世利益を与えてくれるという。

だが、彼女は古くから存在する神ではない。実は1975年ごろの映画『ジャイ・サントーシー・マー』に登場する架空の神で、それが実際に信仰を集めるに至った、という珍しい経緯を持つ。

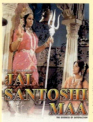

映画『ジャイ・サントーシー・マー』のカバーアート。左がサントーシーで、神像でも同じように表される。
撮影：Hpsatapathy

映画のヒロインが女神になるまで

1975年ごろに『ジャイ・サントーシー・マー』が封切りされるや否や、同作品はインド全国で大流行となった。インドの人々はサントーシーに熱狂し、全国各地に彼女を祀る寺院が次々に建立される、という異常事態を見せる。

これで終われば、よくある一過性のブームと言えるだろう。だがサントーシーの人気はまったく衰えず、それどころか映画内で行われていた儀礼が現実に取り入れられ、寺院では信者による熱心な祈りが捧げられるに至る。映画から生まれた架空の女神サントーシーは、実在の女神として完全に定着したのだ。

サントーシーを祀る寺院。門の上、中央の像がサントーシー。
撮影：Hpsatapathy

今でもサントーシーへの信仰は盛んで、宗教画やステッカー、神像が数多く作られているほか、彼女を題材とした新作映画も公開されている。インドにおいてヒンドゥーの神々と神話は、今でも身近に生きているのだ。

生まれて3000年過ぎたのに、まだ新しい神々が生まれ続けているインド神話。きっとそのうち、また新しい神々が生まれるに違いないよ。みんなもそのときを楽しみにしていてほしいな！

地方の女神

インド神話の女性たち

うーん、
これだけ探しても見つかりませんか、
またんぎちゃんのお母様。
もしかしたらお母様は女神（デーヴィー）ではなくて、
精霊や異種族出身なんでしょうか？
そちらのほうも当たってみる必要が
ありそうですね。

魅惑の美女精霊！

アプサラス総選挙

おー、アプサラスさんたちかー！
とろける歌声！ あふれだすエロス！ 私たちマハヴィディヤの最大のライバルですなー。一体誰が一番人気なのか、魅力をアピールしてもらおうじゃないですか！

アプサラスは天界のアイドル

　アプサラスは水の精霊です。名前の意味は「水のなかで動く者」または「雲の海のあいだを行く者」で、天界に住む水の精であることを示しています。

　彼女たちは「天界の踊り子」と呼ばれ、音楽と踊りを得意とします。しかしなにより大事な特徴は、グラマラスな体型の美人ぞろいで、種族をとわず、男性を誘惑して魅了してしまうことです。彼女たちはインド神話の男性陣のアイドルであり、神々と交わって子を産むアプサラスもめずらしくありません。

アプサラス、メンバープロフィールの見方

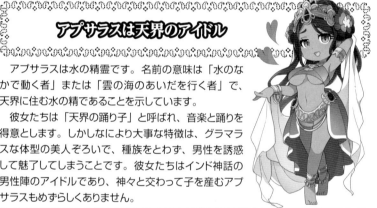

名前

データ欄

別名……名前の別な呼び方

異名……本名とは異なる特別な呼び名

名前の意味……サンスクリット語での名前の意味

配偶者……アプサラスの夫

出典……登場する文献

プロフィールNo.1

美貌の天女はすべてのはじまり

アドリカー

DATA

●異名：美貌のアプサラス　名前の意味：山
●配偶者：ヴァス王？　出典：「マハーバーラタ」

　神話に限らず、物語には始まりと終わりがあります。アドリカーは英雄物語『マハーバーラタ』で、ふたつの勢力の始祖と運命付けられたアプサラスです。

　「マハーバーラタ」によれば、アドリカーは創造神ブラフマーの呪いによって魚の姿となり、聖なるヤムナー川（→p48）に住んでいました。ある日魚のアドリカーが、誰が運んできた人間の王の精液を飲み込んだところ、なんと子供を妊娠します。そして10ヶ月後、漁師が魚のアドリカーを捕らえて腹を裂いたところ、男女の双子が産まれたのです。そしてこの２人は、それぞれが「マハーバーラタ」で対立する２大勢力、「パーンダヴァ」と「カウラヴァ」の祖となりました。

外見、能力、
物語の紹介

114

美貌の天女はすべてのはじまり

アドリカー

—━DATA━—
異名：美貌のアプサラス　名前の意味：山
配偶神：ヴァス王?　出典：『マハーバーラタ』

　神話に限らず、物語には始まりと終わりがあ
ります。アドリカーは英雄物語『マハーバーラ
タ』で、ふたつの勢力の始祖と運命付けられたアプサラスです。
　『マハーバーラタ』によれば、アドリカーは創造神ブラフマーの呪いによって魚
の姿となり、聖なるヤムナー川（➡p48）に住んでいました。ある日魚のアドリ
カーが、鷹が運んできた人間の王の精液を飲み込んだところ、なんと子供を妊娠
します。それから10ヶ月後、漁師が魚のアドリカーを捕らえて腹を裂いたところ、
男女の双子が産まれたのです。そしてこの2人は、それぞれが『マハーバーラタ』
で対立する2大勢力、「パーンダヴァ」と「カウラヴァ」の祖となりました。

猿族に英雄をもたらした

アンジャナー

—━DATA━—
別名：プンジカスタラー　名前の意味：聖別する、に由来
配偶神：ヴァーユ、ケーサリン　出典：『ラーマーヤナ』

　アンジャナーはもともと「プンジカスタラー」
というアプサラスでしたが、呪いによって美し
いヴァナラ（猿人族）に生まれ変わり、猿のケーサリンと結婚しました。その後、
アンジャナーが山を散策していると、風神ヴァーユがその美しさに見て愛欲にか
られ、思わず彼女を抱きしめたのです。すると神の心がアンジャナーの胎内に入り、
これによってヴァナラの英雄となるハヌマーンが宿りました。
　ところで『マハーバーラタ』においてのヴァーユは、クンティーという王妃と
のあいだに英雄ビーマをもうけています。すなわち猿の英雄ハヌマーンは、別の
物語の人間族の英雄ビーマと異母兄弟ということになります。

プロフィールNo.3

ワニの姿のアプサラス

ヴァルガー
─DATA─

名前の意味：種、グループの女性形　出典：『マハーバーラタ』

　ヴァルガーは『マハーバーラタ』の物語に深く関わる存在ではなく、物語の主人公である英雄アルジュナが、たまたま人助けをしたエピソードに登場します。

　それによれば、森を旅していたアルジュナは、南の海岸にある聖地を訪れ、人の寄り付かなくなったスバドラの聖地で沐浴をしていました。すると水中から大きなワニがあらわれたため、アルジュナがワニを水中から引きずり出したところ、ワニが美しい女性の姿へと変化したのです。この女性こそがヴァルガーでした。彼女は罪を犯したことで呪われ、ワニの姿になってしまったのですが、アルジュナに関わったことで呪いが解かれ、元の姿に戻れたといいます。

プロフィールNo.4

世にも珍しい「見せるなのタブー」

ウルヴァシー
─DATA─

名前の意味：広い、優れた、に由来？
配偶者：プルーラヴァス　出典：『リグ・ヴェーダ』

　ウルヴァシーは数あるアプサラスのなかでも一番有名で、人間の王プルーラヴァスとの婚姻譚と珍しいタブーの逸話が語られています。

　聖典『シャタパタ・ブラーフマナ』によれば、ウルヴァシーは結婚にあたり、夫たる王と「妻に裸身を見せてはならない」という約束をしました。ですがふたりの結婚に反発した天界の精霊ガンダルヴァ族は、これを利用して王を罠にはめ、ウルヴァシーに王の裸体を目撃させてふたりの仲を引き裂いたのです。

　しかし王はウルヴァシーをあきらめず、世界を放浪して彼女を捜し求めました。その悲痛な探索の旅はふたりを引き裂いたガンダルヴァたちすら同情させ、王はガンダルヴァ族の一員となって、彼女と永遠に暮らすことを許されました。

天女と聖仙とラッキースケベ

グリターチー

DATA

異名：アプサラスの筆頭　名前の意味：乳製品に富んだ女
配偶神：バラドヴァージャ？　出典：「マハーバーラタ」

　グリターチーはアプサラスのなかでも傑出した存在で、聖典『ヴィシュヌ・プラーナ』においてはアプサラスの筆頭とされています。

　『マハーバーラタ』におけるグリターチーのエピソードは、本人の知らぬところで重要人物の誕生に関わる、という一風変わったものです。それによれば、聖仙バラドヴァージャが祭祀を行っていたところ、そこへ水浴びを終えたグリターチーがたまたま通りすがりました。その瞬間、突風がグリターチーの衣を運び去り、彼女の裸身を見たバラドヴァージャは興奮、精液を漏らしてしまったのです。その後、彼がその精液を枡（ます）に入れておいたところ、その器から主人公パーンダヴァ５王子の武術の師となるドローナが生まれています。

その美貌に世界がトリコ

ティロータマー

DATA

異名：絶世の美女の天女　名前の意味：「部分＋最上」という単語の組み合わせ　出典：「マハーバーラタ」

　ティロータマーは他のアプサラスとは違い、神々が意図的に創り出した人工のアプサラスです。工作神ヴィシュヴァカルマンが、世界中の美を少しずつ大量に詰め込んで作ったティロータマーがあまりにも美しすぎたため、神を含めた誰もが彼女から目を離せなくなりました。例えばインドラは彼女を見逃さないために、全身に千の眼を生じさせたといいます。

　彼女たちを作った神々の思惑は、天界も含めた全世界を征服し暴虐の限りを尽くすアスラ族の兄弟を殺すことです。彼らの能力「兄弟の攻撃でしか傷付かない」の穴をつくため、この世界で最高の美女をひとりだけ送り込んで彼らを仲違いさせ、美女をめぐる同士討ちで死ぬことを狙ったのでした。

プロフィールNo.7

聖仙様もハマったハニートラップ

メーナカー
D·A·T·A
名前の意味：不明　配偶神：ヴィシュヴァーミトラ
出典：『マハーバーラタ』

　メーナカーは、女の魅力で聖仙（リシ）の苦行を妨害したアプサラスです。

　『マハーバーラタ』によれば、聖仙ヴィシュヴァーミトラが大苦行を行ったときに、それによって生じる力を恐れた雷神インドラが苦行の妨害を命じたといいます。聖仙は、ときに神々をも越える力を持つことがあるため、神々はそのような力の誕生を避けようとするのです。

　メーナカーは風神ヴァーユの力を借りて聖仙の誘惑に成功し、苦行を10年も中断させます。最終的に聖仙は、自身の堕落とインドラの陰謀に気が付きメーナカーを追い払いますが、すでに彼女は妊娠していました。メーナカーに産み捨てられた子供は『マハーバーラタ』の主要人物の祖先シャクンタラーとなりました。

プロフィールNo.8

呪い呪われキーパーソン

ランバー
D·A·T·A
異名：美貌のアプサラス　名前の意味：不明
配偶神：ナラクーバラ　出典：『ラーマーヤナ』

　ランバーは『ラーマーヤナ』で、ふたつの役割を担っています。ひとつは聖仙の苦行の妨害、もうひとつはヒロイン、シーター（➡p96）に関するものです。

　インドラは聖仙ヴィシュヴァーミトラの力を恐れており、彼が大苦行に臨んだとき、それを妨害するためにランバーを遣わしました。しかし聖仙はインドラの企てを看破し激怒、ランバーに対し一万年間石となる呪いをかけたのです。

　呪いが解けたあと、ランバーはラークシャサの王ラーヴァナに犯されます。このとき彼女は既婚者だったので、怒ったランバーの夫は、ラーヴァナに「愛情を持たない女を犯すと頭が砕ける」という呪いをかけます。ランバーがラーヴァナに犯されたために、ラーヴァナに捕らえられたシーターの貞操は守られたのです。

女神と悪魔の小事典

それにしても見つかりませんねぇ、またんぎちゃんのお母様。調査の手をもうすこし広げたほうがいいかもしれません。
ここではインド神話の女神（デーヴィー）や、悪役などその他の「インド神話に登場する女性」を16名集めてみました。

小事典の見方

アハリヤー ●━━━━━━━━━━━━ 女神、人物の名前

種族:人間　名前の意味:耕作に適さない　配偶神:ガウダマ仙　出典:「ラーマーヤナ」

┃
┗━━ 女性の種族
　　　その名前はどういう意味の単語かを説明
　　　女性の夫
　　　登場する文献

アナスーヤー

種族:人間　名前の意味:不平不満を言わない、恨まない　出典:「ラーマーヤナ」

　アナスーヤーは聖仙「アトリ」の老齢の妻である。世界が干ばつに見舞われたとき、彼女が厳しい苦行に専念した結果、住む土地にガンジス川が流れてきたという。

　彼女と夫アトリ仙は、その名を知られた高名な人物であるらしく、物語の主人公ラーマ王子と妃シーターは、旅の途中にわざわざその住処を訪問する。アナスーヤーは夫婦を快く迎え入れ、シーターの徳の高さを褒め称え、そして夫に従うことの重要性について説いた。シーターがその話に賛同すると、アナスーヤーは大変喜び、花輪や衣装、香油、装飾品など、数多くの贈り物をしたという。

　『ラーマーヤナ』では「シーターの貞淑」を巡ってひと悶着起きる（➡p143）が、その"前振り"の役目を果たした人物といえる。

アハリヤー

種族:人間　名前の意味:耕作に適さない　配偶神:ガウダマ仙　出典:「ラーマーヤナ」

　アハリヤーは、雷神インドラ（➡p136）の罪の物語に登場する、聖仙の妻である。

　インドラはアハリヤーの夫、聖仙ガウダマの姿に化け、彼女を性交に誘った。アハリヤーは、その正体がインドラだと知りつつも誘いに乗ったのだが、この不倫はガウダマに見破られていた。怒ったガウダマは、インドラを呪って睾丸を奪い、妻にも体が透明になる呪いをかけ、何千年もの苦行を強いたのだ。

　妻の呪いは、英雄物語『ラーマーヤナ』の主人公ラーマ王子がそこを訪れるまで解けないこととなっていたが、のちにラーマがそこを訪れたことにより呪いは解消する。

　呪いが解けたアハリヤーは元の美しい姿に戻り、夫ガウダマも戻ってきた。以降、アハリヤーは夫に従順な妻になったという。

イラー

種族:人間　名前の意味:大地　配偶者:ブダ王?　出典:『ラーマーヤナ』

神話において、人物の性別が変化すると
いうのはときどき見られる設定だが、イラー
は1ヶ月ごとに男女の性別が入れ替わるとい
う、珍しい性転換のエピソードを持つ人物だ。

ある日のこと、イラ（イラーの男性形名）
が従者を連れて山へ狩りへ行ったところ、山
中では破壊神シヴァが女性に変身し遊んでい
た。その余波で、その山に存在するすべての
動植物と人間は女性へと変化した。イラと従
者たちも例外ではなく、美しい女性に変わっ
てしまったのだ。

イラは男性に戻れるようシヴァに願った
が叶わなかったため、シヴァの妻ウマー
（➡ p94）に、1ヶ月ごとに性別が変化する
よう願った。こうしてイラは、1ヶ月ごとに
男イラ、女イラーとして交互に過ごすことと
なったのである。

彼は女性イラーとなっているときにブダと
いう男性と恋に落ち、彼との子供を産んでい
る。ブダはイラーの性転換を受け入れていた
が、最後には完全な男性に戻った。

ウパシュルティ

種族:神　名前の意味:聞く　出典:『マハーバーラタ』

雷神インドラが天界から失踪し、神とアプ
サラスの子ナフシャが王位に就いていた時の
こと。インドラの妃シャチー（➡ p42）は、
ナフシャに言い寄られることを苦痛に感じて
いた。そこでシャチーは、予知能力を持つ女
神ウパシュルティを創り出し、失踪した夫の
居場所を突き止めようとしたのだ。ウパシュ
ルティはすぐれた能力によってインドラの隠
れ場所をあっさり発見し、シャチーとインド
ラの夫婦を再会させた。

ウルーピー

種族:ナーガ　名前の意味:夢?　出典:『マハーバーラタ』

インド神話に登場する種族「ナーガ族」は、
コブラを神格化した存在である。神話に登場
するナーガの外見は、半人半蛇、あるいは多
頭の蛇などだが、しばしば美しい人間の姿に
変身しては人間を惑わせている。

ウルーピーは、『マハーバーラタ』の英雄
アルジュナが移住生活を送っていた時に登
場する美しいナーガだ。彼女はガンジス川で
水浴びをしていたアルジュナを見て一目惚れ
し、彼に愛を求めた。ウルーピーの告白を受
け、いったんはそれを拒絶したアルジュナで
あったが、ウルーピーは「愛に苦しむ女を救
うことは法（➡ p157）にかなっている」と
説得する。それを受けたアルジュナはウルー
ピーと竜宮へ向かい、一夜をともに過ごした
のである。

カーラカー

種族:アスラ　名前の意味:時間に指小辞を付した　出典:『マハーバーラタ』

カーラカーはアスラの一族カーラケーヤ族
の祖で、一族の繁栄を神に約束されたものの、
それを反故にされている。

彼女はプローマーという女とともに千年間
におよぶ大苦行を行った。それを見た創造神
ブラフマーは感心し、彼女たちの願いを叶え
ることにした。ふたりは「子孫が苦しむこと
がないよう、またラークシャサ族にもナーガ
族にも殺されないように」と願った。ブラフ
マーはそれを叶え、さらに空飛ぶ美しい街を、
彼女の一族のために作ってやったのだ。

だがのちにブラフマーは、人間がカーラ
ケーヤ族を滅ぼす、と定めてしまう。そして
パーンダヴァ5兄弟の三男アルジュナがそ
の街に攻め込み、このアスラの一族は街とも
ども滅ぼされたのであった。

ジャヤー

種族:神　名前の意味:勝利　出典:『ラーマーヤナ』

創造神ダクシャの娘であるジャヤーは、作
中において数百本の輝く刀と剣を創り出し、
さらに50人の武器の権化である優れた息子
たちを産んだ女神だ。

息子たちはアスラを滅ぼす優れた力を持っ
ている。また息子たちや武器の数々は聖仙
ヴィシュヴァーミトラの所有物で、彼が正し
く用いるのだという。

スショーバナー

種族:人間? 名前の意味:美しく+輝く女 配偶者:バリクシット王 出典:「マハーバーラタ」

スショーバナーは、ある王に求婚されたとき「私に水を見せてはならない」という条件付きで求婚を受け入れた。だがある日の散策で、王は小屋のなかに池を見て、スショーバナーに池へ入るよう求めた。「水を見せるな」という約束を破られたスショーバナーは、そこから姿を消してしまうのだ。

のちにあらわれた、カエルの王が化けた苦行者によって、実はスショーバナーはカエルの王の子供で、人間の王を騙す悪い癖があるのだ、と明かされる。それでも王は彼女を愛しており、どうか戻って来てほしいと懇願すると「王を騙した報いから、子供は敬虔なものにはならない」という条件付きながら、スショーバナーは王の元に戻ったという。

この神話はウルヴァシー（ ➡ p116）の神話とよく似ている。世界の神話では、女性が「（特定の状況で）私を見るな」と約束させるものが多いが、スショーバナーやウルヴァシーは「私に○○を見せるな」と命じる。インド独特の物語形式といえる。

ディティ

種族:アスラ 名前の意味:切る,分けるから派生? 配偶神:カシュパ仙 出典:「ラーマーヤナ」

インドの神々には人間臭い逸話がしばしば見られる。このディティのエピソードは、強大な雷神インドラが深く関わるものだ。

太古の昔、神々とアスラのあいだで戦いがあり、ディティの息子のアスラたちは皆殺しにされた。これを悲しんだディティが「大苦行を行う代わりに、息子たちの敵インドラを殺せる子を授けてほしい」と願ったところ「千年間の大苦行ののちに、世界を破壊できる息子が産まれるだろう」と約束された。

そしてディティは喜んで苦行生活に入るが、そこにあらわれたのは憎きインドラであった。だがインドラはどういうわけか、彼女の身体をもみほぐしたり、食糧を運んだりと、自身を憎み苦行に勤しむディティの世話を焼き、その手助けをしたのだ。

あと十年で大願が成就するに至ると、ディティは満足してインドラに「苦行が終わったら息子が生まれますが、この子はあなたに敵意を持たないでしょう」と告げたあと、うっかり不浄な体勢で寝てしまう。このスキを突いて、インドラは彼女の胎内にもぐりこみ、胎児を7つに切り裂くのだ。だがディティの懇願により、切り裂かれた胎児は7柱の暴風神「マルト神群」として成長し、インドラの従者を務めたという。

デラーイ・チャンディ

種族:神 出典:ベンガル地方の信仰

インドの東側、聖なる川ガンジスの下流域にあたるベンガル地方には、数多くの地方神が存在している。

デラーイ・チャンディは、ベンガル地方で祀られている安産の女神であり、聖なる林の中に住んでいるという。この女神を信仰する人々はボロ切れのような布を木の枝に結び、妊婦の安産を祈っている。

この地方には、よく似た名前の「オラーイ・チャンディ」と呼ばれる女神もいるのだが、デラーイ・チャンディとはまったく異なる伝染病コレラの神であり、ガウンを着て馬に乗った姿であらわれるのだという。

デーヴィー

種族:神 名前の意味:女神 配偶神:シヴァ 出典:ヒンドゥー教の概念

ヒンドゥー教において、女神は二面性を持つ存在であり、デーヴィーはそれを説明するための概念的存在である。

デーヴィーは生命を惜しみなく与える恵み深い母である一方で、血と犠牲を欲し、それによって自分が生み出した生命を回収する、という恐ろしい側面を兼ね備えている。

デーヴィーを信仰しているのは「シャークタ派」と呼ばれる一派である。シャークタ派は女性の性的な力「シャクティ（ ➡ p76）」こそが、宇宙の力そのものだと考えている。シャクティ信仰においては、シャクティこそが宇宙の最高原理と見なされるため、これを体現する女神こそが、男神よりもはるかに強い力を持つと考えられているのだ。

トリジャター

種族:ラークシャサ 名前の意味:ねじって巻き上げた髪の房を3つ持つ女 出典:「ラーマーヤナ」

　物語の悪役側に属していながら、主人公たちに味方する人物は少なくない。老齢で賢い羅刹女、トリジャターもその一例だ。

　彼女は捕らわれた『ラーマーヤナ』のヒロイン、シーターを食べてしまおうと迫る羅刹女たちを止め、シーターの身を守った。だがこれは打算にもとづく行動だった。トリジャターはシーターの夫であるラーマ王子が、自分たちの住む都と、悪魔の王ラーヴァナを滅ぼす予知夢を見ていたのだ。

　彼女はほかの羅刹女たちに予知夢の内容を語ったあと、シーターに許しを求めてから逃げることを勧めている。

ヒディンバー

種族:ラークシャサ 名前の意味:不明 配偶神:ビーマ 出典:「マハーバーラタ」

　ヒディンバーは、物語の主役であるパーンタヴァ5兄弟のひとりビーマを見て一目惚れし、彼に愛を迫ったラークシャサである。ビーマの危機を伝え、積極的に口説くヒディンバーであったが、ビーマはまったく取り合わなかった。だがヒディンバーの兄が妹の裏切りを知り、ビーマもろとも殺そうとすると、ビーマは兄と戦い、これを退ける。

　この戦いのあと、ビーマは昼にヒディンバーとの愛の生活を送り、夜には隠れ家に戻る、という二重生活を送るようになった。ふたりのあいだには息子が生まれたが、やがて彼女はビーマとの生活の終わりを告げ、去っていった。このときヒディンバーが産んだ息子ガトートカチャは、のちに起きた大戦争において無比の活躍を見せ、その戦争のなかで命を落としたという。

マナサー

種族:ナーガ 名前の意味:不明 出典:「デーヴィー・バーガヴァタ・プラーナ」

　マナサーはナーガ族の女性であり、ヘビでありながらヘビの毒を中和する能力も持っていたという。

　神話によれば、竜王に父を殺された王が、ナーガを犠牲にする蛇供養の儀式を行ったと

ころ、あまりにも多くのナーガが火に焼かれ、滅亡寸前にまで追いつめられた。竜王はインドラに巻き付いて助けを求めていたが、インドラ共々火に焼かれそうになり、神々はマナサーに助けを求めた。彼女は息子に命じ、王を説得して儀式を止めさせ、ナーガ族は生き残ったという。

マリアイ

種族:神 名前の意味:不明 出典:南インドの土着信仰

　マリアイは南インドで信仰される女神だ。そのシンボルは複数の丸い石で、それに赤い塗料が（現在はペンキを使う）塗られ、黒い点がふたつ付けられて目が表現される。これらの石は「シーター」「サラスヴァティー」などインドの女神の名前で呼ばれ、これによってマリアイはヒンドゥー教に組み込まれているのだという。

マーダヴィー

種族:人間 名前の意味:蜂蜜が語源 出典:「マハーバーラタ」

　マーダヴィーはあるバラモン（司祭階級）が師への謝礼品を探す旅をしたとき、ある国王が探索の手助けとして与えた女性だ。

　バラモンに課せられた謝礼は「すばらしい白馬800頭」という途方もないものであり、頼られたある国王はそれを与えるほどの財政的余裕を持っていなかった。そこで娘のマーダヴィーを与え「この娘は4つの家系を確立する者で、このとおりとても美しい。4つの国の王に彼女を妻とする対価を求めよ」と、変わり種の助け舟を出す。

　これを受けてマーダヴィーは「私は恩寵を預かる身で、子供を産むたびに処女に戻ります。私を3人の王とあなたの師に与えれば馬はそろうでしょう」と言い、そのとおり王たちとバラモンの師は各々200頭の白馬と引き換えに彼女と子を成すことを提案し、彼女は4人の子供を産み、そのたびに処女に戻った。

　こうしてマーダヴィーは4つの家系を確立した。彼女の息子たちは『マハーバーラタ』の作中で、独自の役割を果たしている。

ヴィシュヌ様に聞く! インドの信仰と神話

ふぅ、ようやくお仕事終了だ。
早く帰らないとラクシュミーが
さびしがるな。
スパルナ!
疲れているところ悪いが、
ラクシュミーのところまで
飛ばしてくれよ!

わっかりましたー
ヴィシュヌ様〜!

インド神話の主役と物語

ただいまー、ラクシュミー。
遅くなってごめんよ、ようやくひと段落ついたんだ……あれ、マタンギじゃないか。どうして君がウチにいるんだい？

うっす、ヴィシュヌP、お邪魔してまーす。
ライブのあとに会いましてー。それでラクシュミーさんにお世話になってます。

もう、ヴィシュヌ様ったら！ 言いたいことはたくさんありますが後回しです。
ヴィシュヌ様、またんぎちゃんはお母さんと会ったことがないらしいんです。ヴィシュヌ様ならお母さんの居場所をご存知ですよね？

なるほど、それでマタンギと一緒にいたのかい。
それがね、僕も知らないんだよ。
会う機会もないし、いったいどこに行ったんだろうね。

（ヴィシュヌ様も知らない……？ まさか、行きずりの女性なのでしょうか??）
そ、そうですか。実はまたんぎちゃんとインドの女神様をひととおりあたってみたのですが、まるっきり手がかりがないんです。

なるほどね。ラクシュミーたちがやったように、インドの女神を当たるのは正しかったと思うよ。それじゃあ次は、男の神や神話の内容のほうに目を向けてみないかい？
見落としている女神が見つかるかもしれないよ。

神様とお話のほうから見直してみるのですか。
わかりました、こうなればできることはなんでもやってみましょう！

……あれー？ なんかへんなほうに話が転がりはじめたぞー？

……というわけでP夫婦は、私のお母さんの居場所を探すために、インドの神話を総当たりしてみるらしいよ。なんでこんな話になってるんだろ……。……ま、おもしろそうだからいっか！

主役たる神々

インド神話に登場する神はそれこそ数え切れないほどいるけれど、そのなかで「神話の主役」と呼べるのは、この僕、ヴィシュヌを含めた4柱になるかなと思うよ。

維持神ヴィシュヌ
➡**p126**

破壊神シヴァ
➡**p130**

創造神ブラフマー
➡**p134**

雷神インドラ
➡**p136**

主役たる英雄たち

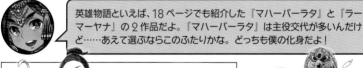

英雄物語といえば、18ページでも紹介した『マハーバーラタ』と『ラーマーヤナ』の2作品だよ。『マハーバーラタ』は主役交代が多いんだけど……あえて選ぶならこのふたりかな。どっちも僕の化身だよ！

ラーマ王子
➡**p140**

クリシュナ
➡**p144**

神々の物語①

維持神ヴィシュヌ

別名：多数　名前の意味：広がる者、行き渡る者
配偶神：ラクシュミー　ヴァーハナ：ガルダ（巨大鳥）
出典：『リグ・ヴェーダ』

世界を守り、栄えさせる神

ヴィシュヌはインドの宗教「ヒンドゥー教」の主要神です。4本の腕を持つ姿で描かれ、1本目の手にはホラ貝を、それ以外の手にはそれぞれ円盤状の武器スダルシャナ、棍棒カウモダキ、蓮の花を持っています。そのほかにもナンダカという剣、シャールンガという弓がヴィシュヌの装備品として知られています。

ヴィシュヌは世界を維持し、繁栄させる役目を負っています。具体的には、ヒンドゥー教で"正義"や"道徳"を意味する言葉「ダルマ」によって世界を維持します。世界が悪徳に乱れ、ダルマが失われると、地上にヴィシュヌの化身があらわれ、世界にダルマを取り戻すのです。

ローカル太陽神からの大出世

インドにおいて司祭階級バラモンの権力が強かった古い時代、具体的には紀元前9世紀ごろまで、ヴィシュヌはそれほど重要な神ではなく、数多く存在する太陽神の一柱にすぎませんでした。ヴィシュヌの地位は、紀元前8世紀ごろから徐々に高まっていき、紀元前5世紀ごろには「創造神ブラフマー、維持神ヴィシュヌ、破壊神シヴァの3柱が最高神であり、3神で一体となって世界を管理している」という、現在知られるような形になりました。

ヴィシュヌが最高神の地位を手に入れた原動力は、ヴィシュヌの信者が新興宗教を味方に取り込んだことにあると考えられています。紀元前7世紀ごろ、インド北部で、実在の英雄を神格化したとされる神「クリシュナ」（➡p144）への信仰が盛んになりました。ですがクリシュナ信仰は、インドの中では伝統を持たない新興宗教にすぎません。そこでヴィシュヌの信者たちは「クリシュナはヴィシュヌの化身である」という設定を生み出し、自分たちの信仰の正当性を求めていたクリシュナ信者たちを味方に付けたようです。こうしてヴィシュヌ＝クリシュナ信仰はインド北部で最大派閥となり、クリシュナだけでなくヴィシュヌの地位も高まったというわけです。

126

ヴィシュヌの十大化身（アヴァターラ）

僕の特技は、別の姿と名前になって、いろんな物語に登場すること。「アヴァターラ」っていうんだけど、82ページでラクシュミーが紹介してくれたよね。なかでも特に活躍した化身を「十大化身」っていうんだ。

ヴィシュヌの十大化身一覧

① 神魚マツヤ	角を生やした金色の魚。大洪水が地上のすべての命を奪うことを予言し、マツヤを助けた人族の王マヌに巨大な船を造らせた。マヌはすべての人類の祖先となった。
② 神亀クールマ	島より大きな亀。神々が海をかき混ぜて不老不死の霊薬アムリタを作ろうとしたとき、海中に潜って、かき混ぜ棒に使われたマンダラ山の山頂を甲羅で受け止めた。
③ 神猪ヴァラーハ	悪の魔神ヒラニヤークシャが大地を海底に沈めたとき、天界から使わされて牙で大地を支え、1000年の戦いのすえにヒラニヤークシャを倒した。
④ 人獅子ナラシンハ	ライオンの頭と人間の胴体を持つ戦いの神。 不死身の悪魔ヒラニヤカシプを殺すために、いきなり柱の中から出現した。
⑤ 矮人ヴァーマナ	僧侶となった小人の青年。悪しき王を騙して世界の土地をすべて奪い返し、神々の手に取り戻した。
⑥ 英雄パラシュラーマ	人間の姿で、斧を武器とする。 司祭階級バラモンと統治者階級クシャトリヤの争いに介入し、バラモンを勝利に導いた。
⑦ 王子ラーマ	『ラーマーヤナ』の主人公。魔神ラーヴァナにさらわれた最愛の女性シーターを救うため、ラーヴァナの本拠地に乗り込んだ。
⑧ 英雄クリシュナ	黒い肌と金の腰布を身につけた少年神。『マハーバーラタ』では主人公アルジュナの支援者として活躍する。
⑨ 英雄バララーマ	第8化身クリシュナの兄。強大なアスラの打倒、大河を農具一本でかき回して降参させるなどの業績を残した。
⑩ 最終化身カルキ	864万年おきに訪れる悪徳の時代「カリ・ユガ」の最後に出現する英雄。あらゆる悪、不道徳、不法を滅ぼし、正しい教えを復興させる役目を持つ。

ちなみに9番目の化身は、バララーマ様のかわりに、仏教の開祖として有名な「ブッダ」を入れることもあるんですよ！　ブッダに化身したヴィシュヌ様は、悪の種族に嘘の教えを説いて、悪の種族を弱くしちゃうんです！

ヴィシュヌ神の物語

ヴィシュヌ様はいろんな姿に化身して、神話のあちこちで大活躍をしています。どんなふうに活躍したのか気になりますよね？ ですから、4つの化身についてお話を紹介しますよ〜。

物語1　魚になって洪水警報！（マツヤの話）

インド神話では、人類は一度生まれ出て世界に広がったのち、洪水によってほぼ全滅します。このとき唯一生き残った男性「マヌ」の家族が、すべての人類の祖先になることが定められています。

ヴィシュヌ第1の化身であるマツヤは、小さな魚の姿でマヌの前にあらわれます。水瓶の中で泳ぎながら「河に流さないでほしい」と訴えるマツヤの願いにマヌが応えると、マツヤはすくすくと成長して角のある巨大な魚になり、海に帰っていきます。

マヌと7人の聖仙（リシ）が乗ったボートをひっぱる第1化身マツヤ。1890年、イギリス産の帳簿用紙の裏側に描かれた作者不明の水彩画。

最後にマツヤは、マヌに「大洪水が起きるから、船を用意し、草木や種子、聖仙、さまざまな動物を積み込んで船に乗り、船をわたしの角に結びつけなさい」と命じました。マヌが言われたとおりにすると、マツヤはマヌたちが乗った船を安全な場所まで引いていきました。マヌたちはそこで新しい生活をはじめ、そのあとのすべての人類の祖先になったということです。

物語2　ライオン頭で悪魔退治！（ナラシンハの話）

ヴィシュヌの第4化身ナラシンハは、とある魔神（アスラ）ひとりを倒すためだけに生み出された、戦いの化身です。その魔神とは、ヴィシュヌの第3化身ヴァラーハに殺害されたアスラの弟「ヒラニヤカシプ」でした。

ヒラニヤカシプは最高神ブラフマーとの交渉で「どんな武器にも、人間、獣、神の誰にも、家の内でも外でも、昼でも夜でも、地上でも空中でも、自分は殺されない」という無敵の肉体を手に入れて増長していました。

ヒラニヤカシプ退治の種明かし

昼でも夜でもない…………「夕方」に
家の内でも外でもない……「柱」のなかから
人間、獣、神ではない……「獅子人」が
地上でも空中でもない……「膝の上」で
武器ではない………………「素手」で
ヒラニヤカシプを引き裂いて殺害しました。

ところが彼の息子は、兄の仇（かたき）であるヴィシュヌ神を信仰し「ヴィシュヌ神はどこにでもいる」と主張します。ある日の夕方、怒ったヒラニヤカシプが「ならばここにもヴィシュヌがいるのか！」と宮殿の柱を指さすと、突然柱が割れてナラシンハがあらわれ、ヒラニヤカシプを八つ裂きにして殺してしまったのでした。

物語3　小人の3歩で世界をまたぐ！（ヴァーマナの話）

第5の化身の名前「ヴァーマナ」は「小さい人」という意味です。その名のとおりヴァーマナは子供のような身長で、一見弱そうに見えるのですが、そこはヴィシュヌ神の化身だけあって、とてつもない力を秘めています。

アスラ王マハーバリが神々に打ち勝って世界を支配したあとのこと、ヴィシュヌは第5化身ヴァーマナとなり、物乞いの少年に変装してマハーバリの前にあらわれました。欲しいものは何かと聞くマハーバリに対して、ヴァーマナは「自分が歩いた3歩分の土地が欲しい」と伝え、マハーバリもその程度ならと了承します。

そしてヴァーマナが足を踏み出すと、彼の身体は急速に巨大化しはじめます。まず1歩目で地上のすべてをまたぎ、2歩目で天と空をまたぎました。ヴァーマナの正体がヴィシュヌであることに気がつき、その偉大さに感服したマハーバリは、世界を神々に返すことを認め、3歩目の置き所として自分の頭を差し出しました。ヴィシュヌ神はそれに免じて、地下世界の一部は取り返さずにマハーバリの領地にしたということです。

マハーバリが差し出した頭の上に3歩目の足を載せるヴァーマナ。19世紀ネパールの作品。

物語4　ヴィシュヌ最後の化身登場！（カルキの話）

最後の化身であるカルキは、まだ現世に登場しておらず、未来にあらわれることが予告されています。

インド神話の世界では、この世は時間が経つにつれて悪徳に満ち、人々は小さく弱々しくなっていくと信じられています（→p148）。人間の弱体化と悪の隆盛が究極まで高まったとき、ヴィシュヌ神は最後の化身カルキとなって、司祭階級バラモンの子としてこの世に産まれます。そしてカルキはあらゆる悪しき存在

彼のシンボルである白馬を連れて旅するカルキの姿。インド北西部、パンジャーブ地方の写本より。

を剣で滅ぼし、偽物の宗教を滅ぼし、人々に真の教えを説いて、世界を正しいあり方へと導くのです。

ヴィシュヌPは、世界がアスラみたいな悪いやつらに支配されないように、あっちこっちでがんばってるんだね〜。
今でも、ヴィシュヌPの人気がすごいワケがわかったよ!!

破壊神シヴァ

別名：無数に存在　名前の意味：吉祥者
配偶神：パールヴァティー　ヴァーハナ：ナンディン（オス牛）
出典：『リグ・ヴェーダ』

徹底的な破壊で宇宙の再誕を導く

　　　　シヴァはインドの三大神のひとりであり、世界を壊す役目を持つ破壊神です。もつれた編み込み髪と、額にある第3の目が外見的特徴で、特に第3の目は「火の眼」ともいわれ、ここから強烈な炎を放って敵対する者を焼き尽くします。

　　　　通常、シヴァは虎の皮と首輪がわりの蛇を身につけた、白い肌の男性として描かれます。この白は悪を滅ぼす正義の色だと考えられています。腕の本数は2本から10本までまちまちで、多数の武器が握られています。

　性格は穏やかですがとても頑固で、しばしば苦行に没頭しては、自分だけの世界に閉じこもってしまう困り者です。しかしひとたび怒らせればおそるべき力を振るい、悪しき者、無礼を働いた者に激しい報復を行います。

暴風の神から破壊神への脱皮

　シヴァはインドの三大神のなかでもっとも新しい神です。その証拠に、インド最古の聖典『リグ・ヴェーダ』には、シヴァという神はいません。シヴァという名前は、暴風と医療の神「ルドラ」の異名のひとつとして登場しているにすぎません。このルドラ神が変質して生まれた神がシヴァだと考えられています。

リンガの彫刻。中央の出っ張りがシヴァの男根、その周囲にとりまく溝がシヴァの神妃の女性器を示している。

　シヴァ信仰の本場はインド南部です。彼を信仰するシヴァ派は、インド南部の多彩な土着信仰を吸収して勢力を広げ、シヴァを三大神の地位に押し上げたと考えられています。その根拠のひとつが、シヴァ信仰の特徴である「男根崇拝」に見られます。

　原始的な宗教では、女性の「子を産む機能」が信仰対象となる例が見られます。インド南部では、女性器とシヴァ神の男根「リンガ」を組み合わせた像が信仰対象になっており、南インド各地の土着女神信仰は「その女神は、我々が信仰するシヴァ神の妻である」という理屈でシヴァ派に吸収されたと考えられています。

シヴァ神の物語

破壊神っていうと、暴れん坊で怒りっぽいイメージがあるかもしれないね。でもシヴァ君は、すごく物静かで我慢強い性格だよ。
もっとも、そんな彼を怒らせたら、それはもう大変なことになるけどね。

物語1　　愛の神カーマをビームでお仕置き!

シヴァは大変な愛妻家です。ゆえに愛する妻を害する者、妻への愛を裏切らせようとする者には、激しく報復します。

愛の神カーマを第3の目からの炎で焼き尽くす場面。1913年『ヴェーダとプラーナの神話』の挿絵より

シヴァの最初の妻サティー（➡p60）が焼身自殺したあと、シヴァは外界との関わりを完全に断って苦行をしていました。

ところがそのころ、強大なアスラ「ターラカ」が世界を荒してまわり、神々を苦しめていました。そのとき創造神ブラフマーが「シヴァとパールヴァティーのあいだに生まれた子供がターラカを倒す」と予言したため、神々は心を閉ざしたシヴァを振り向かせるため、愛の神カーマを使わします。

愛の神カーマは、射た者に恋心を芽生えさせる「花の矢」でシヴァを狙いました。その気配に心をわずかに乱されたシヴァは怒り、原因であるカーマを見つけると、額にある第3の目から炎を発してカーマの身体を焼き尽くしてしまいました。しかしこれによってパールヴァティーと出会ったシヴァは、彼女をふたりめの妻としました。そしてふたりの息子である軍神スカンダは、予言どおりターラカを倒したのです。

物語2　　羅刹王ラーヴァナを子供扱い

英雄物語『ラーマーヤナ』の敵役であるラークシャサ族の王ラーヴァナは、想像を絶する苦行によって「神々に負けない」という特権を手に入れた強大な存在であり、神々ですら彼のことを恐れていました。

調子に乗ったラーヴァナは、シヴァとその妻が住むカイラーサ山を揺らしてシヴァ夫婦をおどかすという暴挙に出ました。これに怒ったシヴァは、神々に負けない能力を持つラーヴァナをカイラーサ山の下敷きにして放置します。ラーヴァナは泣きながら許しを求めましたが、シヴァは1000年ものあいだラーヴァナを許しませんでした。強大な力を持つ存在でも、シヴァの知恵と力の前には無力なのです。

ただでさえ強いシヴァですが、いざというときには、さらに強大な力を発揮します。

ある時代、世界には偉大な都市がありました。天界、空中、地上の3層構造をなしたその都市を「トリプラ」と呼びます。この都市は悪の種族アスラ族によって建設され、3体の強力なアスラに統治されていました。しかしアスラたちが世界に圧政を敷き、人間と神々を苦しめるようになったので、神々はシヴァに、アスラの討伐と都市トリプラの破壊を懇願します。

マハーデーヴァとなって、矢で3体のアスラ（写真右上の円内）を殺すシヴァをかたどった、木製ブックカバーの彫刻。19世紀末の作品。アメリカ、ロサンゼルス都立美術館蔵。

強力なアスラに対抗するため、シヴァはすべての神々から、力の半分を借りて戦いにのぞみます。神々の力を借り受けて「マハーデーヴァ」の称号を得たシヴァは、強力な矢に姿を変えた神々を、自身の強弓で撃ち放ちます。シヴァはこの一撃で3体のアスラと都市トリプラを破壊し、世界に平穏をもたらしたといいます。

シヴァさんって、なんだか神様の用心棒みたいな感じだね。
シヴァ先生、お願いします！ って言われるまでひたすら瞑想してそうー。

慈悲深い一面もあるシヴァは、身体を張って世界の破滅を防いだことがあります。

神々とアスラが、海をミキサーのようにかきまぜて不老不死の霊薬「アムリタ」を製造したとき、ミキサーを動かす動力ケーブルとして使われた大蛇ヴァースキが、苦しみのあまり体内の毒を吐いてしまいました。

軸に巻き付けられ、神とアスラに引っ張られる多頭蛇ヴァースキ。この役目の苦しみのせいで毒を吐いてしまう。イギリス、ヴィクトリア＆アルバート博物館蔵。1870年の作品。

ヴァースキが吐いた毒「ハラーハラ」は世界を滅ぼすような猛毒で、流れ出せば世界の壊滅はまぬがれません。そこでシヴァは、ヴァースキが吐いた猛毒をすべて飲み込むことで世界を守ったのです。これによりシヴァの白い肌は、喉（のど）だけが青く変色してしまったといいます。

ええっ？ 飲んじゃったの!? 世界が滅ぶような毒を!?
うはー、とんでもないねえシヴァさん。
もうあたしなんかの想像をはるかに超えちゃってるよー。

132

物語5　ゾウの頭の人気者！愛息ガネーシャ

現代インドのタイル壁に描かれたガネーシャ。ガネーシャはインドでとても人気が高く、現在でもあちこちでその姿が見られる。

　シヴァには多くの息子がいますが、なかでも特に有名で、インド人に人気なのが、人間の胴体にゾウの頭を持つ神「ガネーシャ」です。

　ガネーシャはシヴァとパールヴァティーの息子で、生まれたときは父親と同様に人間のような頭部でした。あるときガネーシャは、母親パールヴァティーから、水浴を覗かれないように見張りを命じられました。そこに父親シヴァが帰ってきましたが、シヴァとガネーシャは誕生以来面識がなく、たがいに父子だと気がつきません。ガネーシャが母の命令どおりシヴァの帰宅を拒むと、シヴァは帰宅を邪魔するガネーシャに怒って、彼の首をはねてしまいました。

　これを知ったパールヴァティーは、当然嘆き悲しみました。シヴァは妻をなぐさめるために、最初にその場を通りかかったゾウの頭をガネーシャの胴体につなぎ、ガネーシャを復活させたそうです。

> ガネーシャ君は、いまでは知恵と幸運の神様としてインドで大人気なんですよ。牙が片方しかないゾウの神像があったら、それがガネーシャ君です！

物語6　夫婦合体！究極神アルダナーリーシュヴァラ

インド南東部に位置する世界遺産の寺院ギャンガイ・コンダ・コラプランにあるアルダナーリーシュヴァラ像。

　左半身が女性、右半身が男性の形をした奇妙な神像。実はこの像は、シヴァとその妻パールヴァティーの合体した姿をかたどったもので、「アルダナーリーシュヴァラ」といいます。“半身が女神のシヴァ神”という意味です。

　ヒンドゥー教のなかでもシヴァを主神として信仰するシヴァ派の分派「シャクティ派」では、シヴァ神の妻（パールヴァティーなどの女神）の「性の力」を信仰の対象にしています。そのため彼らは、シヴァ神とその妻が一体の存在であることを示すため、半身がシヴァ、半身がパールヴァティーの神像を崇めているのです。

> シヴァさんって気むずかしそうに見えるのに、ホントは優しいんだね～。
> で、でも怒らせたらやばいね……！
> わたし、シヴァ様に失礼なことだけは絶対にしないよ！

創造神ブラフマー

別名：ブラジャーパティ（生類の主）など多数
名前の意味：宇宙の原理　配偶神：サラスヴァティー
ヴァーハナ・ハンサ（白鳥）
出典：「マイトリー・ウパニシャッド」

すべてを創造し、見守る神

　創造神ブラフマーは、世界とすべての生命を生み出した神です。維持神ヴィシュヌ、破壊神シヴァと並んで、ヒンドゥー教のもっとも重要な神とされています。

　ブラフマーは4つの顔と4本の腕を持つ姿で描かれます。4つの顔は、彼の美しき妻サラスヴァティー（➡p22）を一瞬たりとも見逃すことがないように増えたものだとされています。4本の腕は、それぞれ水壺、数珠、笏、そしてバラモン教の聖典ヴェーダを持っています。これらはどれも知識や「何かを生み出す」ことに関連する品物であり、ブラフマーの創造神としての性格をあらわしているといえます。

 ## 世界の「原理」に人格を持たせた神

　ブラフマーは、ヒンドゥー教の原型となった宗教「バラモン教」が定義する世界の大原則「ブラフマン」に、人格を与えて信仰の対象にしたものだと考えられています。

　バラモン教では、この世に神がいるという前提のもと、現代の物理法則に相当する世界法則「ブラフマン」があると信じていました。それによれば、人間が供物を捧げて祈りの言葉を唱えれば、神々が力を貸してくれるとされています。

　カースト制度の司祭階級「バラモン」は、インドでは「ブラフミン」と呼ばれていますが、これは世界の原理ブラフマンを理解し実行できる者という意味なのです。

　バラモン教が衰退し、バラモン階級（ブラフミン）の権威が弱まると、ブラフマー神はそれと平行して地味な存在になっていきました。神話のなかのブラフマーは、苦行を達成した悪役に「ブラフマンに従って」強力な力を与え、そのせいで神々を不利にしてしまうトラブルメーカーとなっています。

　ちなみにインドの司祭階級を「バラモン」と呼ぶのは日本人だけです。
　このバラモンという読みは、ブラフミンを中国語に翻訳した「婆羅門」という単語を、さらにカタカナ読みしたものなんですよ。

ブラフマー神の物語

ブラフマー君は、この世界とすべての生き物を作った偉大な神なんだ。もっとも彼、世界を作り終えたあとは基本的に修行者の相手ぐらいしかしないから、どうにも一般ウケしないんだよねぇ……。

 物語1 　最強アスラにタジタジ……

　5世紀ごろの神話物語『クマーラ・サンバヴァ（王子の誕生）』によれば、アスラ族の王ターラカが激しい苦行を行っていました。ところがターラカの苦行で出た熱が世界を焼いたのでブラフマーは困ってしまい、やむをえずターラカに、彼が十分に満足するくらい強力な恩恵を与えることで、苦行を終了させたのです。その恩恵とは「シヴァ神の息子以外に殺されない」というものでした。

　このあと、ターラカは強力な恩恵に増長し、圧政を敷き始めます。神々はブラフマーに事態の解決を願い出ますが、ブラフマーは「苦行を達成した彼の願いを叶えた自分が、彼を滅ぼすのは道理が通らない」と言い、ターラカの倒し方を示す以外に何の対処もしませんでした。神々は予言された「シヴァ神の息子」が生まれるよう、手を尽くすことしかできませんでした。（➡p131）

　ブラフマーはこのほかにも、苦行を達成したマヒシャというアスラに「女性以外に殺されない」能力を与えてしまっています。神々は討伐のために、女神ドゥルガー（➡p84）を生み出さなければなりませんでした。

物語2 　3柱の神は同一神格！「三神一体」の神話

　インド最古の聖典『ヴェーダ』が完成してしばらくあとの紀元前5世紀ごろ、ブラフマーは世界のすべてを創造した存在でしたが、左のページで解説したようにブラフマーの地位が低下すると、宇宙の創造はおろか、世界の創造の役割さえシヴァまたはヴィシュヌの功績とされるようになっていきます。

　そのあとインドでは「ブラフマー、シヴァ、ヴィシュヌはすべて同じ神であり、ひとつの魂で3つの身体を使い分けている」という思想が生まれました。これがインド神話の「三神一体（トリムルティ）」の思想であり、各宗派に広く受け入れられています。

いやーブラフマー様、かっこわるいお話ばっかり作られちゃってかわいそうだなあ。でも、「恩恵を与えた自分が彼を滅ぼすのは道理が通らない」ってのはいいと思うよ、スジが通ってますなあ！

雷神インドラ

別名：ヴリトラハンなど多数　名前の意味：王
配偶神：シャチー　ヴァーハナ：アイラーヴァタ（白象）
出典：『リグ・ヴェーダ』

神々を代表し、悪と戦う英雄神

インドラは雷を神格化した神です。その外見は、頭髪や髭などを含めて全身が茶褐色で、4本の腕を持つ姿で描かれます。双頭の馬が引く戦車に乗って空中を駆け巡り、手下として暴風神マルトの集団を引き連れています。性格は荒くれ者ですが、自分の子分や信者に対しては優しいという一面も持っています。

インドラは冒険と戦いの神として知られ、パランジャという剣とシャクラダヌスという弓を装備しています。ですが彼の武器のなかでもっとも強力かつ有名なのは、ヴァジュラと呼ばれる武器です。これは雷を発して敵を貫く最強の武器であり、インドラはこのヴァジュラを手に数々の武勲をあげました。

古き時代の最高神

古い時代のインドラは、三大神よりも格上で、主神と言ってもおかしくない存在でした。インド最古の教典である『ヴェーダ』には、神々を讃える「讃歌」が多数収録されていますが、なんとそのうち1/4もがインドラを讃える歌なのです。古い時代にインドラがどれだけ重要な神とされていたのかがよくわかります。

ですが『ヴェーダ』を中心に置いた宗教「バラモン教」が衰退すると、古い神々に対す

インドラのヴァーハナ（神獣）は、4本の牙と7つの頭を持つ白象アイラーヴァタ。雲を作り出す能力を持ち、これをインドラが雨に変えて地上に降らすという。17世紀後半の作品。

る信仰は薄れ、そのかわりに135ページまでに紹介してきた三大神が、最高神の地位につくようになります。そのあとの神話におけるインドラの扱いは、三大神の後輩のようなものに変わりました。しかし、過去の神話でインドラが成し遂げてきた冒険の神話は、新しい時代においても語られ続けました。インドラは若き冒険神という独自の立ち位置を得て、現代でも崇拝の対象でありつづけています。

インドラ神の物語
（ヴェーダ編）

左のページで説明したとおり、インドラ君の神話は、描かれた時代によってかなり雰囲気が違うんだ。
まずはインドラ君が最高神だった時代の神話から紹介していこうかな。

 物語1

神々にねたまれた誕生

　インドラは、生まれる前から過酷な運命を背負っていました。彼は妊娠中から、すさまじい力を持つ神として生まれてくることが判明していたのです。「1000 の月と 3 回の冬」という非常に長い妊娠期間を経て産み落とされたインドラは、母である女神プリトヴィーによって捨てられました。これはインドラの力に嫉妬した神々から、インドラの存在を隠すために、母が実行した苦渋の策でした。それでも神々にインドラの存在が知られると、彼は神々から敵視されて居場所を失ってしまいます。彼を敵視する神々のなかには、なんと実の父である、天空神ディヤウスもいたのです。

　失意のインドラを助けたのは、唯一の友人となったヴィシュヌ神でした。インドラはヴィシュヌの助けを借りて、未来の活躍に備えた雌伏（しふく）の時を過ごします。

 物語2

神酒ソーマをくれたら一働き

　あるとき、ヴィシュヌ神の使いである鷲（ワシ）が、地上から神の酒ソーマを運んできました。これこそが、のちのインドラ神の力の源です。神酒ソーマを飲み干し、人間の神官から捧げられた供物を受け取り、神官たちのインドラを讃える歌を聴いたインドラの身体には、誰にも負けない強大な力が宿ります。

　インドラは天の川をせきとめて雨を降らなくしていた大蛇アヒを殺して、世界に雨を取り戻し、ほかにも邪悪なアスラを倒して回るなど大奮闘。これを受けて神々も、ついにインドラを認めました。インドラは神々のなかでもっとも偉大な存在となり、人間から神酒ソーマを献上されると、その強大な力を振るったといいます。

　『ヴェーダ』時代のインドラ君の神話のポイントは、インドラ君の力の源が「ソーマ酒」「バラモンが捧げた供物」「バラモンがインドラを讃える歌」だっていうこと。つまり、バラモンが儀式を行って、酒と供物をインドラに捧げて讃歌を歌わないと、インドラ君は力が出なくて大蛇アヒを倒せない。つまりいつまでたっても雨が降らないぞってことなのさ。
　つまり、「インドラ様のエネルギーを補給できるのは我々バラモンだけだから、俺たちの言うことに従え」って言ってるんだよ。

137

インドラ神の物語
（ヴェーダ以降編）

司祭階級バラモンたちが偉い時代だった『ヴェーダ』の時代が終わると、インドラ君の神話はちょっと変わってくる。「人間の供物しだいでどんどん強くなる」っていう要素は無くなって、単純に強いだけの英雄神になっていくんだ。

 物語3

怪物ヴリトラとの戦い

　雷神インドラは『ヴェーダ』以降の時代でも、多くの神話の主役になっています。なかでも重要なのが、天空の川をせきとめて地上に雨が降らないようにしている怪物「ヴリトラ」（137ページで紹介した大蛇アヒと同じ存在）を退治する物語です。

　インドラとヴリトラは激しく戦い、なかなか決着がつきませんが、実はインドラはヴリトラ退治の切り札を用意していました。それが雷を発する武器「ヴァジュラ」です。インドラは、ヴリトラが口を大きく開けた隙を突き、口の中にヴァジュラを撃ち込んでヴリトラを倒したと伝えられています。

ヴァジュラってどんな武器？

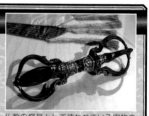

　ヴァジュラとは、ダディーチャという聖仙の背骨を材料にして生み出された武器です。工芸神トヴァシュトリが作ったインドラの最強の武器であり、雷を呼び出す力があります。

　余談ですが、仏教の祭具「金剛杵」（右写真）とは、仏教に取り込まれたインドラ「帝釈天」が持つヴァジュラを模した仏具です。

仏教の祭具として使われている実物のヴァジュラ。11〜12世紀ネパールの品。

　インドラのヴリトラ退治には、これとは物語展開が異なるバージョンもあります。ただしこちらの神話におけるインドラは、上の神話ほど勇敢ではありません。

　ヴリトラの強さを伝え聞いて恐れたインドラは一計を案じます。まずヴリトラに自分が持つ神としての権利を半分与えて懐柔し、美女ラムバーを派遣して色仕掛け。ヴリトラがラムバーの言うことに何でも従うという言質をとってから、「スラー酒」という酒を薦めたのです。ヴリトラは司祭（バラモン）でもあるため酒を飲んではいけないのですが、ラムバーとの約束のせいで飲まざるを得ず、酒のせいで意識を失ってしまいます。そこにインドラが近寄り、自慢のヴァジュラでヴリトラを打ち殺したといいます。

インドでは、6月くらいに大きな雷雲ができて雷が鳴り響きます。するとその何日かあとから、バケツをひっくり返したみたいな大雨が降り続けるんです。インドの人々は、これを見て「インドラとヴリトラの戦い」だと思ったのかもしれませんね。

物語④　裏切り者にはだまし討ち！

『ヴェーダ』以降のインドラは、力だけでなく、知恵も絞って戦います。

アスラ族のナムチとインドラは、かつて激しく戦ったものの、停戦条約を結んで友人となっていました。その条約でインドラは、「昼でも夜でも、乾いたものでも湿ったものでも、ナムチを傷つけない」と約束していました。

ところがナムチは裏切ります。別の敵との戦いで弱っているインドラに「スラー酒」を飲ませて悪酔いさせ、インドラの持つ能力をすべて奪い取ったのです。

裏切り者のナムチを殺すため、インドラは神々の協力を受けて力を取り戻し、秘策を胸に「決して殺さないから」と嘘をついてナムチを夜明けの海岸に呼び出します。インドラは「昼でも夜でもない」夜明けの時間に、「乾いても湿ってもいない」泡を武器にしてナムチを襲い、泡でナムチの首を切り落として報復を果たしたのです。

 この神話ですけれど……インドラさんのことを「友達を騙して殺した」悪い人としてすごく批判してるんですよね。最初に裏切ったのはナムチさんなのに、インドラさんが悪者になるのは納得がいかないですよー。

物語⑤　時代が進むと「やられ役」に

インドラが最高神をつとめていた『ヴェーダ』時代が終わると、インドラの神話での活躍はぱっとしなくなり、物語上の悪役が強いことをアピールするための「やられ役」「かませ犬」のような扱いを受けるようになっていきます。

例えば英雄クリシュナ（➡p144）の神話では、インドラがアスラ族「ナラカースラ」との戦いに敗れ、自分と母の宝物を奪われてしまいます。インドラに懇願された主人公クリシュナがナラカースラに勝利し、依頼どおり宝物を取り返しました。これはクリシュナの強さをアピールするためにインドラが利用された形です。

インドラに勝利したメーガナーダ（インドラジット）が、インドラの妻シャチーをアスラ王ラーヴァナに引き渡している。19世紀インドの画家ラヴィ・ヴァルマの作品。

ほかにも女神ドゥルガー（➡p84）の神話でアスラ王マヒシャースラに敗れたり、ラークシャサ族のメーガナーダに敗れて拉致され「インドラジット（インドラを倒した者）」という称号を献上したりと、インドラが勝つ神話よりも敗れる神話のほうが目立つようになっています。

 うーん、インドラさんって強いんだよね〜？　なんだかお話での扱いが悪い気がするっていうか。ま、でも何から何までカンペキよりも、ちょっと抜けてるくらいのほうがかわいげがあってよいんじゃないかな〜？

英雄の物語①

『ラーマーヤナ』の主人公
ラーマ王子

別名:ラーム　妻:シーター　出典:「ラーマーヤナ」

ヴィシュヌ神の宿る転生主人公

　ラーマは英雄物語『ラーマーヤナ』の主人公で、ラークシャサの王ラーヴァナを滅ぼすため、維持神ヴィシュヌが転生した人間の王子です。ヴィシュヌの化身であるところから、ヴィシュヌと同様に肌は青色で描かれることが多いのですが、あくまでも人間であるため、頭はひとつ、腕は2本だけしかありません。

　作中におけるラーマは、優れた知恵と誰にも負けない武勇を兼ね備えた、眉目秀麗なたくましい男性で、特に弓術を得意としています。また非常に力が強く、人間では引くことすらままならない「シヴァ神の強弓」をいともたやすく引き絞り、さらに勢い余ってへし折るほどの怪力を誇ります。

 ### 転生者4兄弟のリーダー的存在

　ラーマは王族の息子で、腹違いの兄弟が3人います。彼ら四兄弟は全員がヴィシュヌの化身とされていますが、ヴィシュヌの力をもっとも強く宿しているのはラーマで、兄弟は「ラーマが王となるべき人物だ」と考えています。兄弟仲はたいへん良好で、なかでも第三王妃の産んだラクシュマナとラーマは特に仲がよく、常に行動をともにしています。

中央左の男性がラーマ。女性はシーター、後ろにいるのは弟ラクシュマナ。19世紀インドの画家ラヴィ・ヴァルマ画。

　その性格は非常に穏やかで、他人の気持ちを察し思いやり、必要とあらば自身を犠牲にすることもいとわない優しい人物です。ですが敵対する者には容赦がなく、また王族という身分と一族の名誉を一番に考え、ときには冷酷な判断も下します。

　ヴィシュヌ神の化身であるラーマですが、当人はあくまでも人間です。作中では超人的な戦闘能力によって敵を打ち倒す一方で、疑心暗鬼に陥って最愛の妻を疑うなど、もろく弱い人間的な一面も見られます。

『ラーマーヤナ』って一体何だろう？

『ラーマーヤナ』は、ざっくり言うと、主人公のラーマ王子と、その奥さんのシーターの生涯を描いた物語だよ。
誘拐された奥さんの救出がメインテーマだね。

『ラーマーヤナ』は、紀元前3世紀に成立したという大長編です。これはヒンドゥー教の聖典として認められ、『マハーバーラタ（➡p144）』と並ぶインド2大叙事詩となっています。作中には古代インドの神話や伝説がふんだんにちりばめられています。

ラーマーヤナの物語は、インドの聖仙・詩人であるヴァールミーキが編纂したとされています。特筆すべきはその文章量で、全7巻は行数換算で約4万8千行以上、これはキリスト教の聖典『聖書』に並ぶ数字です。

シーターの婿取りの儀式で、強弓を引きすぎてふたつにへし折ったラーマ。ラヴィ・ヴァルマ画。

その内容は一本筋で非常にわかりやすく、多くのサイドストーリーも抱えながらも「ラーマ王子の冒険物語」と一言でまとめられる構成となっています。物語はラーマ王子の誕生からはじまり、少年時代、麗しきシーターとの出会いと結婚、受難の日々、ラークシャサ（羅刹）に誘拐されたシーターを取り戻すための冒険と大戦争、羅刹の王ラーヴァナとの最終決戦、ラーマとシーターの永遠の別れまでの物語が、大胆かつドラマチックに描かれています。

現代でも色あせない『ラーマーヤナ』人気

日本で『桃太郎』を知らない人がほとんどいないのと同じように、インドでも『ラーマーヤナ』を知らない人はいません。物語の原典はもちろんのこと、この物語を題材にしてあらゆる形態……歌、演劇、絵本などでインド国民に親しまれています。近年では映画や漫画の題材になるなど、まさに国民的人気作品なのです。その人気は海を越え、インドの周辺国や東南アジア全域に広まっています。

撮影：Nguyen Thanh Long ミャンマーの演劇より、ラーマ王子とシーター。

東南アジアまで広まっている『ラーマーヤナ』の影響は、びっくりするほど深いところまで食い込んでいます。現在のタイ王国の王様は「ラーマ10世」。もちろんこの名前はラーマ王子からとったものですよ～♪

これでカンペキ！『ラーマーヤナ』のあらすじ

それではいよいよ、『ラーマーヤナ』のくわしいあらすじを紹介していこう。
『ラーマーヤナ』は、悪の親玉にさらわれた婚約者をとりもどすため、長い長い大冒険に出るお話なんだよ。

その1　新婚生活も束の間、シーターが誘拐!?

悪しき種族ラークシャサの王ラーヴァナを倒すためにヴィシュヌが転生した人間、それがラーマでした。少年ラーマはヴィシュヌの化身らしく、眉目秀麗、文武両道のたくましい王子に成長します。

ある日、とある国の宮殿で美しい娘シーターの婿取りの儀式が行われており、ラーマはこれに参加します。儀式の試練は「シヴァ神の強弓（つよゆみ）を引く」ことで、この強弓の弦は人間の力ではびくともしないものでしたが、ラーマはそれを軽々と引き絞るどころか、勢い余って弓を真っ二つにへし折ってしまいます。これによてラーマはシーターの婿と認められ結婚したのですが、ふたりの人生には数々の試練が待ち構えており、その最中でシーターはラーヴァナに誘拐されてしまうのです。

羅刹の王ラーヴァナに誘拐されるシーター。K. Venkatappa画。

新婚ホヤホヤなのに、王位継承を邪魔され宮殿を追い出され、愛する奥さんを誘拐されと、散々な目に遭ってしまったラーマ王子。
だけどここから大冒険がはじまるんですよ！

その2　猿人ハヌマーンがシーターを発見！

シーターが姿を消したことから、ラーマは弟ラクシュマナと捜索の旅に出ますが、手掛かりはわずかに「猿（ヴァナラ族）の王を訪ねよ」という助言のみでした。

ラーマはさっそく助言のとおりヴァナラの国に向かい、ヴァナラの王と同盟を結びました。そして王はラーマのために、勇敢で賢いヴァナラの戦士たちを探索隊として世界中に派遣します。やがて南方に向かっていた、ヴァナラ族の英雄ハヌマーンがシーターを発見するのです。

ハヌマーンは、ラーマから預かった指輪をシーターに見せ、かならず救い出すとシーターに約束して、大急ぎで居場所の報告に戻りました。

シーターに指輪を見せるハヌマーン。Anant Shivaji Desai画。

ヴァナラ族の英雄 ハヌマーン

猿の英雄ハヌマーンはヴァナラ族一番の戦士で、風の神ヴァーユの息子です。彼は優れた頭脳と無双の怪力を兼ね備え、さらに空を飛ぶ、体の大きさを自在に変えるなどの神通力にも長けています。
『ラーマーヤナ』の戦闘でもっとも活躍するのはこのハヌマーンで、特に「倒れた味方を救うために4種類の薬草が必要となったが、見分けがつかないので、薬草の生えている山の山頂をまるごと削り取り、空を飛んで担ぎ運んだ」シーンは、ラーマーヤナ最大の見せ場です。

 その3 シーターを巡る大戦争が勃発！

ハヌマーンの報告を受けたラーマは喜び、さっそく兵を挙げシーターの救出へ向かいます。シーターは遠く離れた南の島、ラークシャサたちの本拠地に捕らわれていたのですが、一行は神とヴァナラ軍の協力によって海を渡り、無事に島へと到着します。

ラーマ軍はラークシャサ軍の都城を包囲し、ここに長く激しい戦いの火蓋が切られました。両軍の勇士たちは次々に倒れ死んでいきますが、強大な敵将軍を次々に討ち取り、戦いは少しずつラーマ軍優勢となります。最終的にはラーマとラーヴァナの一騎打ちとなり、これにラーマが勝利したことで戦争は終結します。

その4 ラーマとシーターの苦悩、そして永遠の離別

長年探し求めたシーターと再会したラーマですが、彼は性欲の強いラークシャサに長らく監禁されていたシーターの貞操を疑い、ふたたび妻として受け入れることを拒絶します。インドでは、特に女性に対する貞操観念が非常に強く、高い身分にある者が、たとえ疑惑であろうと不貞の妻を持っては示しがつかないのです。

これを受けたシーターは、潔白を証明するために大きな焚き火へ身を投じましたが火傷ひとつ負わず、その身をもって貞節を証明、ラーマとともに国へ帰りました。

ですが国民たちは結局、ラーマ王の妻はラークシャサと不貞を働いた、と噂しはじめ、これを受けたラーマによってシーターは追放されます。しばらくのち、シーターは再度潔白を証明しますが、その代償として二度と現世へ戻れなりました。

このあと、ラーマはシーターのことをずっと悔やみながら引退、一生を終えて天界に戻り、ふたたび僕になったというわけ。
ちなみに、このバッドエンドは後世の付け足しだよ。もともとは凱旋したラーマが王様になってハッピーエンドになっていたんだ。ラーマ王子が正義のヒーローであるためにこんな展開を付け足さなきゃいけないなんて、インド人の目は厳しいなあ。

英雄の物語②

『マハーバーラタ』の主要人物

クリシュナ

別名：モニシュ（魅力的な者）など多数
出典：『マハーバーラタ』『ヴィシュヌ・プラーナ』など

五王子に加勢する謎多きヴィシュヌの化身

『ラーマーヤナ』と並び称されるインド神話の英雄物語『マハーバーラタ』の登場人物クリシュナは、この物語のなかでもっとも重要だという一節『バガヴァット・ギーター』の主要人物です。大戦争の最中、親族や友人、師匠を相手に戦うことを悲しみ、戦意を失ったパーンダヴァの王子アルジュナに対し、クリシュナがさまざまな教えを説いて励ます様子が対話形式で描かれます。

作中のクリシュナは異国の王子で、主人公アルジュナたち五王子の軍師として戦争に参加しました。はじめは正義の御旗を挙げていた五兄弟に対して、クリシュナは騙し討ちや禁じ手などの卑怯な戦法を指示し、戦争を血みどろの殺し合いへ導きます。

古代インドのすべてが内包された物語

『マハーバーラタ』は、おそらく世界最大の英雄物語です。その長さはキリスト教の聖典『聖書』の4倍、何と20万行以上もあります。

「ここにあるもの総てはどこにもあり、ここに無いものはどこにも無い」……これはマハーバーラタの有名な一節で、そのとおり非常に混沌とした文献です。古代インド研究の第一人者、上村勝彦氏によれば、物語の本筋である五王子と百王子の確執と戦争に関わる内容は、全体のわずか1/5に過ぎません。それ以外の4/5は、膨大かつ雑多な神話や伝説の寄せ集めで、物語としての統一性はほとんどありません。

ただしこれは決して悪いことではありません。整理されていない雑多な記述のなかには、古代のインド社会を知る手がかりが山のように含まれているのです。なかでも『バガヴァッド・ギーター』は、対話形式でヒンドゥー教徒に求められる生き方を示したものであり、ヒンドゥー教の聖典とされています。

『マハーバーラタ』の内容は……？

たったの1/5！

本筋

本筋以外の雑多な内容

具体的には……
・神話　　　　　・説話
・物語の断片　　・社会情報
・宗教
　　　　　などなど……

『マハーバーラタ』の主人公は5人兄弟「パーンダヴァ五王子」の物語

主なストーリー 五王子と百王子の王権争い

　はるか昔のこと、インドのある国に王位後継者候補の王子がふたりいました。ひとりは先代王の子で5人兄弟、「パーンダヴァ五兄弟」長男のユディシュティラ、もうひとりは現在の王の子で百人兄弟、「カウラヴァ百兄弟」の長男ドゥルヨーダナです。

　現在の王が死ぬとき、後継者に指名されたのは先代王の子、パーンダヴァの長男でした。なぜなら学問も武術も、パーンダヴァ五兄弟のほうが優れていたからです。ですが、これを不服としたドゥルヨーダナは、さまざまな陰謀をめぐらせて、13年という期限付きながらパーンダヴァ五兄弟を国から追放します。

　ドゥルヨーダナは国王となり、カウラヴァ百兄弟が国を治めるようになりました。その後、定められた追放期間を終えたパーンダヴァ五兄弟は国へと戻り、国と王位の返還を求めましたが拒絶されます。これを皮切りとして、世界を巻き込んだ、五兄弟と百兄弟の大戦争がはじまるのです。

すべての結末 正義とは、悪とは一体何なのか？

> 普通の英雄物語なら、敵を倒して王様になりました、めでたしめでたし、で終わるんだけど……『マハーバーラタ』はそういうお話じゃないんだ。
> 戦いのなかで多くのものを失い、正義とは何なのかを問いかける作品なのさ。

　戦争は18日間続き、戦いは徐々に作法も約束も守らず、卑怯な戦法もいとわない、手段を尽くしての凄惨な殺し合いへと変貌します。その結果は、百兄弟を皆殺しにしたパーンダヴァ五兄弟の勝利です。

　王権を取り戻した五兄弟ですが、この戦いで友人や親族を数多く失い、また殺しました。最後に5人と妻は失意のままヒマラヤ山へ登り、この世での役割を終えたといいます。

敵将ジャヤドラタを射止めるアルジュナとクリシュナ。作者不詳。

> インド文学の権威、辻直四郎さんは『マハーバーラタ』の本筋は、実際の戦争で負けて亡くなった、百兄弟のモデルになった人の魂をなぐさめるために書かれたものなんじゃないか、っていう説を唱えてます。
> たしかに、主人公のみなさんが勝っても全然喜んでませんし、何か普通じゃない狙いがあったんじゃないかと思ってしまいますよね。

インド神話の すべて

うーん、『ヴェーダ』や『マハーバーラタ』や各種文献、いくら
あたっても手がかりがまったくありません……いったい、また
んぎちゃんのお母様はどこに隠れておられるのでしょう……？

奥様、だいぶ煮詰まってきたようですし、休憩されてはどうでしょうか？
甘いアムリタを飲みながら、何か目的とはぜんぜん違うことを考えて頭をリフレッシュ
させますと、いいひらめきが浮かぶかもしれません。

はいはーい、そういうことならリクエストいいっすかー？
私、マハヴィディヤに入るまで隅っこのほうで生きてたから、芸はできても歴史とか世
界とか良く知らないんで、ふたりに教えてもらいたいなって。

……そうね、お母様に教われなかったんですもの……。
（ヴィシュヌの肩に手を乗せて）おわかりですよね？

わかったわかった、僕もPだし、自分のアイドルのためには一肌脱ぐよ。
……それにしても今日のラクシュミーは迫力があるなあ。
そんなにマタンギのことが気に入ったのかい？

『インド神話』の設定はひとつじゃない！

　ラクシュミーも言っていたと思うけど、インド神
話っていうのは、お話が作られた時代や、作った人
がどの神を信仰しているかによって、同じ神話でも
いろいろ細かく違いがあるんだ。このページ以降の
神話は、基本的に紀元前5世紀以降、「バラモン教」
が衰退して「ヒンドゥー教」が成立したあとの神話
について説明している。別の時代の神話について
話すときや、宗派によって神話の中身が違うときは、
なるべくどの神話について話しているのか説明する
ようにするから、混乱しないように気をつけてね。

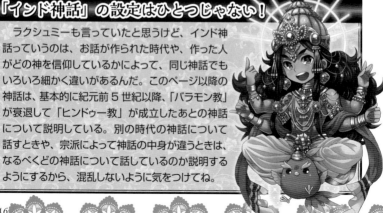

インド神話最大の特徴！
"破壊"と"再生"を繰り返す世界

日本の神話やキリスト教の神話だと、神は「今もみんなが住んでいる」世界を作るよね。インドでは、神様が作った世界は神様によって壊され、作っては壊し作っては壊しを繰り返しているんだ。これは世界的にもかなり珍しいよ。

①創造！
まず創造神ブラフマーが、なにもないところから世界とあらゆる生命を生み出します。

このループを
永遠に
繰り返す

②繁栄！
ブラフマーが生み出した世界を、維持神ヴィシュヌが維持管理して、正常な状態を保ちます。

③破壊！
世界の寿命が尽きたら、破壊神シヴァが世界を完全に破壊して無に帰します。

将来世界が壊れることが決まっている神話は、北欧神話ですとか中米のアステカ神話などの例があります。
けれど、破壊と再生を無限に繰り返すというのは珍しいみたいですね。

はーい、しつもーん！
ヴィシュヌPたちは、どのくらいのペースで世界を作り直すの？
あと、世界が壊れたら、人間ってどうなるの？　ほら魂とか。

うん、マタンギ、いい質問だね。
次のページからはそのへんを説明していこう。

まさに天文学的長さ！ インド神話の"時間"

インド神話は、いろんな「所要時間」がキッチリ年単位で決まっている神話なんだ。
ただ、時間のスケールがとっても大きくてね？
人間のみんなにとっては、いまいちピンとこないんじゃないかなあ。

世界の寿命は43億2000万年！

インド神話では、世界ができてから世界が壊されるまで、何年かかるのかがキッチリと決まっているんだ。
スケールが大きいから驚かないでね。その年数は「43億2000万年」だよ。

よんじゅうさんおく……？
はいっ、ヴィシュヌP！数字がおっきすぎて全然イメージできない！

インド神話の教典では、創造神ブラフマーが世界を作ってから、世界は43億2000万年のあいだ繁栄したのち、破壊神シヴァに破壊されることが定められています。その後、破壊された世界は43億2000万年のあいだ放置されたあと、創造神ブラフマーが新しい世界を作ります。

つまり世界の寿命は43億2000万年であり、この年数を「カルパ」と呼びます。カルパは、創造神ブラフマーの半日に相当します。ブラフマーは目覚めと同時に世界を作り、起きているあいだは世界が存在し、世界が破壊されると眠りにつくのです。

インド神話の世界の寿命

43億2000万年
世界が栄える

ブラフマーの眠り
世界は焼け落ちる

43億2000万年
世界は滅んだまま

ブラフマーの起床
世界が再生

43億2000万年かぁ……なんだかキリがいいような中途半端なような？
なんでこんなにハッキリと数字が出せるんだろ？

うん、それは次のページで計算式を説明しよう。
ちなみに現代の研究によると、みんなが住んでる「太陽系」が、できてから46億年くらいだって聞くよ。ちょっと近くてびっくりしない？

栄えて衰える「ユガ」のサイクル

世界が生まれてから43億2000万年のあいだ、世界は月が満ち欠けするように繁栄と衰退を繰り返すことになっているよ。バラモン教では、この繁栄と衰退のサイクルを「ユガ」と呼ばれる時代であらわすんだ。

　世界が生まれてから滅ぶまでの43億2000万年のことを「カルパ」と呼びます。ひとつのカルパの中では、世界の衰退と繁栄が「500回」にわたって繰り返されます。世界がもっとも繁栄してから衰退するまでの時間を「マハーユガ」と呼びます。
　つまり「1カルパ＝1000マハーユガ」ということになります。
　ひとつの「マハーユガ」では、以下の4種類の「ユガ」が順番におとずれます。

4つのユガと特徴

繁栄
半周がマハーユガ（4320万年）
衰退

サティヤ・ユガ（172万8000年） 別名クリタ・ユガ。
罪がなく、徳が支配する時代。人間の身長は9.5m、寿命は400年。

トレーター・ユガ（129万6000年）
1/4が罪に侵された時代。人間の身長は6.3m、寿命は300年。

ドヴァーパラ・ユガ（86万4000年）
半分が罪に侵された時代。人間の身長は3.2m、寿命は200年。

カリ・ユガ（43万2000年）
3/4までが罪に侵された悪徳の時代。人間の身長は1.6m、寿命は100年。

　インド神話の世界は、罪なき時代サティヤ・ユガから始まります。罪に染まっていない時代には、人間は現在よりも6倍大きく、4倍の寿命を持ちます。ですが時代が進むにつれて世界は罪に染まり、人間は小さく弱い存在になっていきます。もっとも罪に濡れた「カリ・ユガ」の時代が終わりに近づくと、「カルキ（➡p129）」という神が世界に出現。この時代の支配者である悪魔カリを討ち滅ぼし、罪を浄化していきます。そして世界はふたたび清浄な「サティヤ・ユガ」に戻るのです。
　なお、現代はカリ・ユガの中にあり、もっとも罪深き時代だと考えられています。

実は科学的だった「ユガ」の年数

　古い教典『マヌ法典』では、各ユガの長さは現在の360分の1だとされていました。つまり2マハーユガは2万4000年だったのです。この数字には重要な意味があります。
　地球はコマのように、北極から南極へ貫く「地軸」を円形に揺らしながら太陽を回ります。この地軸が揺れる動きを「歳差運動」といいます。2マハーユガ24000年という数字は、歳差運動の周期「25800年」と非常に近いのです。
　歳差運動は、地球の温暖期と氷河期の周期、つまり世界の繁栄に関わっています。「ユガ」の長さは、インドの進んだ天文学が導き出した科学的な設定だった可能性があります。

アメリカ航空宇宙局NASAによる、地球の歳差運動を説明する画像。画像左上の矢印に沿って地軸が揺れ、その影響で太陽の当たり方と地球の気候が変わる。

世界が滅べば魂も滅ぶ！ インド神話の"魂のゆくえ"

ヴィシュヌP〜、インドでは、死んだ人間の魂が、新しい身体に入って転生するって聞いたんだけど、本当すか？
永遠に生きるって、わりと大変だよねー。

うん、人間の魂が生まれ変わるのは本当だよ。
でも、永遠じゃあないんだ。
具体的に言うとね、人間の魂は、最長で43億2000万年後には永久に消滅する。

ええっ!? 消滅……!? 永久に……!?
ヤバいじゃんそれ！

はい、とってもヤバいです。
ですからインドの人々は、死んだあとも永遠に生き続けるために、
「解脱」と呼ばれるひとつの境地を目指すんですね。

 魂の輪廻（サンサーラ）と、消滅の時

　インドでは、そこに世界があるかぎり、死んだ人間の魂は何度も転生し、新しい命として生まれ変わると考えられています。このように死んだ魂が新しい命としてよみがえることを「輪廻（サンサーラ）」と呼んでいます。輪廻の概念はバラモン教で生まれましたが仏教にも取り入れられており、われわれ日本人にもなじみ深いものです。

　ですがバラモン教では、ブラフマーの1日が終わり宇宙が破滅するとき、輪廻を繰り返していた魂も同時に破壊され、二度とよみがえらないと考えられています。これは来世の存在を信じる人々にとって、恐ろしく耐え難いものでした。

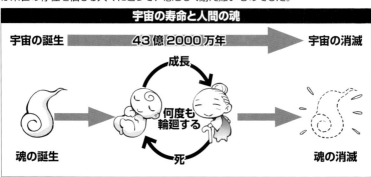

宇宙の寿命と人間の魂

宇宙の誕生　43億2000万年　宇宙の消滅

成長　何度も輪廻する　死

魂の誕生　魂の消滅

魂は輪廻からの"解脱（モークシャ）"で救われる

すべての人々の魂が消滅する43億2000万年後。定められた滅びを回避するために、バラモン教やヒンドゥー教の信者は「解脱」を目指します。それは魂が永遠に不滅となるための唯一の手段なのです。

魂の消滅を回避するためには、いずれ破滅する宇宙から自分の魂を引きはがす必要があります。インド人はそのために「魂をこの世界の原理と一体化させれば、魂は不滅となる」という理論を構築しました。世界の原理「ブラフマン」は、宇宙と違って不滅の存在だからです。

輪廻のサイクルから離れ、ブラフマンと一体化することを、インドでは「モークシャ（解脱）」と呼んでいます。

解脱するためには、厳しい修行をして、「自分の魂の核は、世界の原理と同じものでできている」ことを理解する必要がある。この思想を「タト・タヴァン・アシ（梵我一如）」と呼んでいるよ。

"解脱"するために必要なこと

バラモン教において、人間が輪廻（サンサーラ）のサイクルから解脱（モークシャ）し、梵我一如（タト・タヴァン・アシ）の境地に達するためには、いくつかの前提条件を満たしている必要があります。

清浄…… バラモン教は「穢れ」を嫌う宗教です。（➡p152）
修行の大前提として、心身を穢れなき状態に保つ必要があります。

修行…… 瞑想によって自己の内側と対話し、『ヴェーダ』などの文献で学んだ世界の真理が、自分の心の中にも存在することを認知します。

身分…… 実質的に、瞑想によって梵我一如の境地に達することができるのは、生まれながらに清浄な肉体を持つバラモンだけです。

バラモン以外は解脱できないの？

え、バラモン以外は解脱できないのか、ですか？　そうですね。実質的に、バラモン階級以外の方が解脱するのは難しいと思います。

ですがインドには「転生」があります！　今回の人生で神を熱心に崇拝し、『ヴェーダ』をよく学んで、身体を清浄に保っておけば、何回かの転生のあとに「バラモン」階級として転生できるはずです。まずは転生でバラモンになってから、解脱のための修行をはじめればいいんですね♪

これがわかれば神話がわかる！
インドの"穢れ"とは？

インドの神話や文化を理解するなら、避けて通れないのが「穢れ」っていう概念だよ。日本人も持ってる感覚だから理解しやすいんじゃないかな？
神話では、英雄たちが穢れを浴びてひどい目にあうことが多いんだ。

"穢れ"の基本的な考え方

　インドでは、宗教的に不浄で、触れるべきでないものを「穢れ」と呼びます。現代人の感覚で見ると、インド人が「穢れ」だと感じるものは、衛生的な意味がある穢れと、精神的な穢れの2つに分けることができます。

物質的な穢れの例

・体液、血液、唾液、汗
・黄便
・死体
　インドでは特に「液体」が穢れを運ぶと考えており、水以外の液体と接触することは避けられています。

精神的な穢れの例

・邪悪な行為
・不道徳な思考
　なお、精神的な穢れも接触によって伝染します。例えば悪いことを考えると、口の中に穢れた蒸気がたまるので、口を清めなければいけない、といった具合です。

 応用編　　　　　こんなものも"穢れ"ている

左手	「不浄の手」と呼ばれます。理由は、左手は大便を拭くときに使うからです
皿	誰かの唾液がついているかもしれないので、皿は使い捨ての木の葉です
匙	皿と同じ理由で、スプーンも基本的に使いません
臭いを嗅いだもの	鼻から出た、穢れた蒸気がついています
水	出所に注意。穢れた者が使った水は同様に穢れています
女性	月経の血が出るため、女性は穢れた存在と定義されています
外国	穢れに対する理解が異なる外国には、穢れが蔓延しています

ご遺体の処置や、トイレの掃除、動物の屠殺はどうするのかって？
うん、もちろん"穢れ"ているからね。
穢れの多い仕事ほど下位のカーストに任せるんだよ。

目指せ完全な清浄！　デリケートな"穢れ"

バラモンが避ける「小さな穢れ」

・肉食

・タマネギ、ニンニクなど
　臭いの強いもの

・赤い食材

・バラモン以外の近くに寄ること

・汗をかくこと
　（汗＝体液は自分のものでも不浄）

インドのカースト制では、人間は身体から穢れを追い払うことで、来世においてより高位の存在に生まれ変わり、やがては輪廻の輪から解脱することを目指します。

そのためバラモンなどの高位カーストの一員は、来世のために庶民と比べると潔癖すぎるほど徹底的に穢れを避けようとします。具体的に忌避されたのは、左にあげたような「穢れ」です。

ええっ、お肉食べちゃダメなの〜。
ということは、バラモンってベジタリアンさんなんだ。
こんなにガチで穢れを避けなきゃいけないって大変ですなぁ。

大変ですけど、すべての人々の魂が消滅するのは43億2000万年後。定められた滅びを回避するために、バラモン教やヒンドゥー教の信者は「解脱」を目指します。それは魂が永遠に不滅となるための唯一の手段なんです。

穢れてしまったらどうしよう？

もし穢れに触れてしまったなら、その穢れを浄化しなければなりません。

穢れを浄化するために有効なものには、以下のようなものがあります。ただしどれも完全に浄化できるわけではないので、引き続き穢れに触れないようにする努力が必要となります。

神の名、聖句

神の名前や『ヴェーダ』に掲載されている聖なる言葉を唱えます。ただし穢れた口で唱えれば、神を穢してしまいますので避けなければなりません。その場合はまず口を清浄な水でゆすぐ必要があります。

清浄な水

清浄な水には清めの効果があります。特に効果が高いのは聖なる川ガンジスの水です。井戸などの水にも清める力はありますが、下位カーストの者が使っている井戸は穢れているので使ってはいけません。

焼く、油で揚げる

食べ物は調理温度が高温であるほど清浄になります。つまり水で煮るよりは油で揚げるほうが清浄になるのです。

そのためインドのパーティーでは、揚げ物が縁起物として欠かせません。

インド神話のできるまで⑪
誕生！ バラモン教

ここまでインド神話の豆知識を紹介してきたけど、そもそもインド神話ってどうやってできたと思う？ ここから 159 ページまでは、インド神話ができてから、現在の形になるまでの流れを紹介するよ。

初期の神々は外国からやってきた

　インド最古の宗教文献『ヴェーダ』ができるよりはるか昔、インドには「ドラヴィダ人」という先住民が住んでいました。変化があらわれたのは紀元前 1500 年ごろ。このころ、ユーラシア大陸の中部に住んでいた「アーリア人」という人々が南下をはじめ、徐々にインドに移住しはじめました。

　アーリア人はインドに、ドラヴィダ人よりも進んだ文化、すなわち「文字」と「神々」を持ち込みました。ドラヴィダ人の支配階層は、アーリア人と混血し、アーリア人の文字と宗教を取り入れます。こうしてできたのが、インドの初期の宗教「バラモン教」なのです。

アーリア人はどこから来たの？

アーリア人誕生！

言語と神が伝わった

イラン人に

インドへ移住！

「アーリア人の侵攻」は間違い！

　昔は世界史の教科書にも「アーリア人がインドに侵攻して、ドラヴィダ人を戦争で倒して支配した」と書いてありました。でも最新の研究で、それは間違いだったことがわかってます。

　アーリア人は何万人も集まってインドに攻め込んだんじゃなくて、家族単位、部族単位で比較的平和にインドへ移住しただけのようなんです。

インド神話のできるまで②
バラモン教は支配の道具

インドの先住民、ドラヴィダ人は、なんでよそ者のアーリア人の宗教を取り入れたのかな？ それはアーリア人の宗教が、ドラヴィダ人の支配階級が庶民を統率するためにとっても便利だったからさ。

自然へのおそれを統治に利用した

　アーリア人は、風や炎などの自然現象を神として信仰する民族です。アーリア人の神官バラモン（ブラフマン）たちは、儀式によって神々と交信し、神々に供物を捧げる交渉役なのです。

　バラモンたちは、神々と交渉し、自然現象を人間に都合がいいように変えてもらうことができます。逆に言うと、バラモンを敵に回せば、バラモンは神との交渉をやめ、その結果として自然は民に牙をむくのです。

　「我々バラモンがいなければ、大変なことになる」という理屈でバラモンは地位を高め、支配を盤石なものにしていきました。そして宗教儀式の数々を、聖典『ヴェーダ』としてまとめていったのです。

バラモン教の支配構造

```
            『ヴェーダ』の自然神
        ↑
   祭祀に          ↓    ↓
  よって制御
            バラモン（神官）
        ↑        自然の恵み  天災
   地位を尊重       ↓    ↓
            クシャトリヤ（王族、戦士）
            ヴァイシャ（職人、商人）
            シュードラ（農民、奴隷）
```

バラモン教の弊害

　バラモン教では、民衆の大多数を占める労働者階級「シュードラ」は、『ヴェーダ』の勉強を許されませんでした。つまりバラモン教は、一部のエリートだけが利益を受ける不公平な宗教だったのです。

うわ～、利益のひとりじめとかいけないんだ～。
こんなズルイことしてると、
絶対しっぺ返しがあるでしょうなー。
どんなふうになったのか教えてほしいな～♪

次のページへ！

インド神話のできるまで③
反バラモン！仏教＆ジャイナ教の誕生

バラモン教は、エリートが庶民を支配するための宗教だったんだ。そんなバラモン教に、庶民を味方に付けた強力なライバルがふたつ登場！そのうち片方は、みんなもよく知っている宗教だよ。

庶民だって救われたい！を現実にした新宗教

　紀元前8世紀ごろ「ウパニシャッド哲学」という学問がおこり、150ページで紹介した「人間は死んだら転生する、解脱すれば救われる」という考え方が確立しました。

　ですがウパニシャッド哲学では、解脱によって世界の滅亡から救われるのは、ヴェーダを学ぶことを許されている上位のヴァルナ（司祭、王族・戦士、商人、職人）だけで、庶民であるシュードラ、その下の不可触民は、ヴェーダの教えを知らないため、決して解脱することができないと定められていました。

　すると、エリートだけが解脱できるという理屈に反発する者があらわれます。彼らはこれまでの宗教を改造し、誰でも解脱して救われる新宗教を作りあげたのです。

紀元前6世紀ごろに生まれたインドの新宗教

ジャイナ教

　バラモン教の身分制度を否定し、戒律を守って苦行をすれば誰でも解脱できると定めた宗教です。
　殺生禁止の戒律が厳しいため、土の中の生物を殺してしまう農民には広まらず、おもに商人が信仰しました。

仏教

　インド貴族出身のブッダが開いた宗教です。苦行を「無意味なこと」と否定し、精神修養で「悟り」を開いて解脱することを目的としています。
　身分制度を否定し、悟りを開けば誰でも解脱できると教えています。

信者を吸収　　　　　　**信者を吸収**

弱体化　バラモン教

　一部のエリートしか「解脱」できないと定めたバラモン教は、バラモンへの反感や、解脱を求める庶民感情により、信者を失い衰退していきます。

新宗教に信者をとられて弱っていくバラモン教ですが、もちろんライバルの成長をだまって見ているだけではありません。バラモン教も改革をして、パワーアップしてライバルを迎え撃ったんです。その中身は次のページで紹介しますよ！

次のページへ！

インド神話のできるまで④ ヒンドゥー教へバージョンアップ！

仏教とジャイナ教に押されていたバラモン教は、信者をとりもどすために教義をアップグレードすることを決断する。パワーアップしたバラモン教は、西洋では「ヒンドゥー教」と呼ばれているよ。

 ## インド宗教共通の問題点……金持ち以外解脱不可！

　バラモン教、仏教、ジャイナ教……インドの宗教には共通の問題点がありました。それは、輪廻から外れて解脱するためには、長く厳しい修行を行わなければいけないことです。日々の暮らしに精いっぱいの庶民たちは、もちろん修行をする暇などありません。つまり、仏教やジャイナ教がいくら解脱への門戸を広げていても、庶民は新宗教が求める「修行」をすることができないのです。

 ## バージョンアップで庶民を取り込み 「ヒンドゥー教」へ脱皮

　インド宗教の弱点を踏まえ、バラモン教は改革を行います。これまで上位身分にしか許されていなかった、神への祈りや儀式を簡略化して庶民に開放。「神への信仰心を保ち、戒律を守って日々を生きれば、神から恩恵が与えられる」という宗教体系をつくりあげました。つまり来世ではなく、現世で利益を受け取れる形にしたのです。

　エリートは解脱を目指して修行し、庶民は素朴な信仰で現世利益を得る。財力にあわせた信仰を確立したヒンドゥー教は急成長し、最大宗教の地位を取り戻しました。

ヒンドゥー教が定める「人生の3大目的」

ダルマ（法）……戒律を守りましょう

アルタ（利）……来世だけでなく、現世の暮らしで成功しましょう

カーマ（美と愛）……美と快楽を追求しましょう

そのために必要なのは？

信者の行動

・神様をあがめ、敬愛しましょう

・ルールを守って生活しましょう

カンタン！

たしかに、何年後に来るのかわからない死後の世界よりも、いま助けてくれる神様のほうがいいよね〜。さてさて、生まれ変わったヒンドゥー教は、これからどう発展していくのかな〜？

次のページへ！

インド神話のできるまで⑤ 布教競争が神話を強化!

ヒンドゥー教は、信仰する神によって複数の派閥に分かれるんだ。例えば僕を信仰するヴィシュヌ派とか、シヴァ君を信仰するシヴァ派とかね。各派閥が信者獲得にがんばった結果、いまの神話ができたんだよ。

ヒンドゥー教の宗派争いで、神話はさらに複雑に

　ヒンドゥー教にはいくつかの派閥があり、それぞれ崇める主神が違います。各派閥は、自分の派閥の信者を増やすために、独自の作戦を練って布教を行ってきました。

　その過程で、ヒンドゥー教の神話はあちこちで「自分の派閥に都合がよいように」改変されています。このためインドの神話は、同じ事件を題材にした物語でも、宗派や時代によってまったく違う内容になっていることが珍しくないのです。

主要派閥の布教戦略と、それによる神話の変化

ヴィシュヌ派の場合

　ヴィシュヌを主神として信仰するグループは、英雄神クリシュナを信仰する新興宗教を取り込んだり、既存の人気がある神話の主人公が「実はヴィシュヌ神の化身だった」という設定を広めることで、新しい信者を一気に増やして有力な宗派になりました。

ヴィシュヌの化身が増殖!

シヴァ派の場合

　インド南部で勢力を伸ばしたシヴァ派は、南部各地に点在している土着の女神とシヴァを結びつけ、それらの女神が「シヴァの妻である」という設定を広めることで、土着の女神信仰を次々とシヴァ信仰に合流させて、南インドに勢力を伸ばしました。

シヴァの嫁が増殖!

うわー、信者集めのためならエンヤコラですな～。
インドの神話は同じネタでも全然違う表現をする「亜種」がたくさんあったけど、それはこうやって信者ゲットのために神話を変えまくってたからか。

ええ、そういうことですね。ちなみに154ページからこのページまでの「インドの宗教が発展して、現在知られている神話ができるまで」の流れをひとまとめにして表にしてみました。全体像をつかむ参考になりますよ。

インド神話と宗教の発展年表

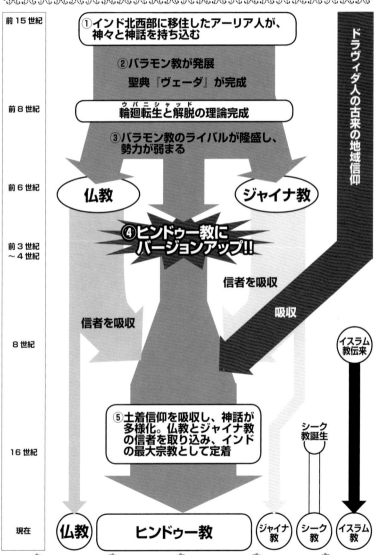

前15世紀	①インド北西部に移住したアーリア人が、神々と神話を持ち込む
	②バラモン教が発展 聖典『ヴェーダ』が完成
前8世紀	輪廻転生と解脱の理論完成（ウパニシャッド）
	③バラモン教のライバルが隆盛し、勢力が弱まる
前6世紀	仏教　　　ジャイナ教
前3世紀〜4世紀	④ヒンドゥー教にバージョンアップ!!
	ドラヴィダ人の古来の地域信仰 信者を吸収　吸収
8世紀	信者を吸収
	⑤土着信仰を吸収し、神話が多様化。仏教とジャイナ教の信者を取り込み、インドの最大宗教として定着
16世紀	イスラム教伝来 シーク教誕生
現在	仏教　ヒンドゥー教　ジャイナ教　シーク教　イスラム教

性愛奥義書『カーマ・スートラ』

いやーそれにしてもラクシュミーさん、夫婦仲いいよねー。よくケンカにならないなーと思うよ。夫婦円満のヒケツとかおしえてくれないかなー？

夫婦円満の秘訣ですか……そうですね、いろいろありますけど、ひとつはこの本かもしれませんね？
あ、ヴィシュヌ様には内緒にしてくださいよ。

ダンナ様に内緒の本とか、好奇心をそそられますなー。
なになに、「性愛奥義書『カーマ・スートラ』」……？
……これ、えっちな本だー！？

世界一有名な"性と愛"の指南書

『カーマ・スートラ』は、4〜5世紀ごろのインドで書かれた、性行為と恋愛の指南書です。全7章構成ですが、キス、前戯、性交体位などを赤裸々に描いた第2章によって世界的に知られる書物となりました。

ですが『カーマ・スートラ』の内容は直接的な性行為だけではなく、モテる男女の条件、異性を魅了する会話の技術など、男女の交流についての記述が多くなっています。

17世紀末のインドで描かれた、カーマ・スートラの挿絵。アメリカ、ウォルターズ美術館蔵。

カーマ・スートラの構成

1編「総論」…………この本を作った意義の説明
2編「性交」…………キス、前戯、体位、SM、複数プレイなどセックスの技術を説明
3編「処女との交渉」…未婚女性に求婚する作法、適切な口説き方
4編「妻妾」…………結婚して妻になった者が取るべき態度を地位ごとに説明
5編「人妻」…………他人の妻と浮気をするときの注意点、自分の妻を守る方法
6編「遊女」…………商売女との遊びの作法、支払う代金について
7編「秘法」…………人心掌握、強精剤、陰茎肥大などの裏技

カーマ・スートラが定める"美女"の基準

 カーマ・スートラでは、えっちな技術だけではなく、いい男、いい女の条件も説明しています。最高の美女は、天界から降りてきた天女のようだ、という意味をこめて「蓮女」と呼ばれるんですよ。これが蓮女になるための 16 個の条件です。

蓮女（パドミニ）の条件

顔
満月のようにうるわしい

肌
金色の蓮の花のようにきめこまかく、柔和で美しく、浅黒くない

乳房
固くしまって、豊かに盛りあがる

体
肉づき豊かで、芥子菜（カラシナ）の花のように柔らかい

腹
へそのあたりに、三本の横シワが走っている

女性器
ほころびかけた蓮のつぼみのようで、愛液は百合の花の香り

歩き方
白鳥のように歩く

目
子鹿の目のように美しく輝き、ぱっちりとして、目尻はやや赤味をおびている

鼻筋
まっすぐ通って愛らしい

声
コキラ鳥に似た低い妙なる声

うなじ
すっきりとしている

衣服
白衣と美しい宝石とぜいたくな装いを好む

食事……小食である

睡眠……眠りは浅い

知能……聡明で礼儀正しい

信仰……神をあがめ、バラモンたちの対話を聞きたがる

 うう、胸……やっぱり男はオッパイか‼ 貧乳もいいものだよ？
それと、女性の魅力は外見だけじゃないっていうのは正しいよね。やっぱり女っていうのは"きょーよー"がないとだよ！

宗教的な"性の教典"がある理由

157 ページで、ヒンドゥー教は現世で素敵な暮らしを送ることを重視している宗教だ、ってことを説明したのを覚えてるかな。ちょっとページをめくってみて？ ヒンドゥー教では、ダルマ（法）、アルタ（利）、カーマ（美と愛）が人生の三大目的だって書いてある。この「カーマ」がポイントだね。『カーマ・スートラ』は、ヒンドゥー教が定める人生の目的である「カーマ」を充実させるための指南書なんだよ。宗教的に正しいエッチの技術書ってことだね。だから、裏でこそこそ読む必要はなくて、おおっぴらに広めることができたんだ。

161

のぞき見♥カーマ・スートラ

『カーマ・スートラ』には、「こんなことまで本に書いちゃうの!?」とびっくりするような内容がたくさん書かれているんです。とってもおもしろいのでぜひ原文を読んでほしいですけど、なかでも特に驚いちゃう内容をいくつか紹介しますね♪

みどころ①! 体位、責め方、相性まで至れり尽くせり

　『カーマ・スートラ』の第2編は、男女の性交における具体的な技法を、生々しい表現でくわしく解説しています。特に充実しているのは、性交時の体位の解説と、男女がともに喜びを得るための男性器の動かし方の解説です。

　性交時の体位は数十種類が紹介されており、日本の「四十八手」によく似ています。最大の違いは、男女の性器を大きさで分類し、その組み合わせによって適する体位と適さない体位を解説していることです。非常に「実践的」な内容といえるでしょう。

　インドのヒンドゥー教寺院には、カーマ・スートラで紹介された体位で性交を行う男女の像や浮き彫りがよく飾られています。これはセックスによって作物の豊作を祈願したもので「ミトゥナ」と呼ばれています。

『カーマ・スートラ』の原本には挿絵はありませんでしたが、遅くとも17世紀ごろには挿絵つきのカーマ・スートラ写本が世間に出回っていました。

インドの世界遺産、カジュラーホー寺院群にあるミトゥナのひとつ。インドのセックス寺院として世界的に有名な観光地になっています。

『カーマ・スートラ』以外の性愛論書

　本書は、インドに存在する性愛論書の代表作にすぎません。無数に存在する性愛論書のなかから、本書を含めた「3大奥義書」と呼ばれる3冊を紹介します。

『カーマ・スートラ』

　本ページで紹介しているインド最古の性の奥義書。4～5世紀ごろの社会的常識をもとに書かれています。

『ラティラハスヤ』

　11～12世紀の作品。新しい時代の風俗に合った、セックスを楽しみ女性を幸せにする方法を教えています。

『アナンガ・ランガ』

　15～16世紀の作品。夫婦の離婚を防ぐためのセックスとコミュニケーション、という視点で書かれています。

みどころ②! 謎の充実？ 人妻攻略法

『カーマ・スートラ』では、他人の妻とセックスするのはよくないことだと述べたあと、「だが、このような人妻なら誘惑してもいいのではないか」と、人妻との性交を正当化するための理論武装と、人妻を誘惑する方法、夜這いの技術や賄賂の使い方まで、こと細かに説明しています。

人妻攻略法の一例

・人妻とHしても悪くないのはこんなとき
・人妻を口説いていい男の条件24項目
・こんな人妻は落とせる／口説いても無駄
・自分の妻をほかの男から守る方法

みどころ③! "Hさせてくれる" 女の子を見きわめる！

女性のしぐさや境遇から、その女性を誘惑してセックスすることが可能かどうかを見きわめるための、さまざまな知恵が語られています。その内容は現代の青年誌や女性誌などで語られている内容と大差なく、人間の精神のありようが1000年前から変わっていないということを、われわれ現代人に教えてくれます。

みどころ④! 特殊プレイもお手のもの！

第2章の体位解説においては、男性が女性の肌を叩いて快楽を得る「スパンキング」の技法、女性2人と男性1人、男性5人と女性1人でセックスするときのテクニックなど、特殊な性交渉についての技法が豊富な事例とともに語られています。

『カーマ・スートラ』における女性2名、男性1名での性交を描いたイラスト。19世紀の作品。

読んでみよう！『カーマ・スートラ』

『カーマ・スートラ』の内容を日本語に訳した書籍は複数出版されています。現代人の目線から見てもわかりやすく、とても楽しめる内容です。右にあげる書籍などで、ぜひ読んでみることをおすすめします。

『カーマ・スートラ』文献紹介

《完訳 カーマ・スートラ》岩本裕 訳著／東洋文庫
　※ サンスクリット語版『カーマ・スートラ』の全訳
《バートン版 カーマ・スートラ》大場正史 訳／角川文庫ソフィア
　※ 『千夜一夜物語』の訳者、冒険家リチャード・バートンによる、英語版の重訳。
《ビジュアル版 カーマスートラの世界》
　※ カーマ・スートラの記述にもとづく体位などの絵画・彫刻を紹介

ドッキリ！ ネタバラシのお時間です！

けっきょく見つかりませんでしたね、またんぎちゃんのお母様。
またんぎちゃんに会わせてあげたかったなぁ……私もご挨拶したかったですし。

そんなに落ち込まないで、僕のラクシュミー。
大丈夫、僕たち神の人生は長い。いつかはきっと見つかるさ……ところで、なんでラクシュミーはそんなにマタンギのお母さん探しをがんばっているんだい？

あはははは……スンマセン。実はですね、ラクシュミーさん、私がヴィシュヌ様の隠し子だと勘違いしちゃってるんですよ。だから「正妻としてお相手の方に挨拶しなきゃ！」って……私のせいですごめんなさいラクシュミー様。

なるほど、それで今日のラクシュミー様、いつになく迫力があったんですか。
ふわわ、思い出したらおしっこ漏れそう……

ええっ!?　違うんですか!?
それじゃあまたんぎちゃんは、ヴィシュヌ様の娘じゃない……？
でもでも、またんぎちゃんはヴィシュヌ様のことをP（パパ）って……？

ラクシュミー、Pっていうのは「プロデューサー」の業界用語なんだ。
実はラクシュミーに内緒で、マタンギたち「マハヴィディヤ」のプロデュース業をやっていてね。だからマタンギは仕事仲間で、僕の娘じゃないよ。

そ、そうだったんですか……。私ってば馬鹿だなぁ……。
てっきり、ヴィシュヌ様がよそのきれいな女の人と子供を作ってたんじゃないかと思ってしまって……。ちがうんですね？

萌える！インド神話の女神事典―これにておしまい！

164

イラストレーター紹介

この本のために
インドの女神様を描いてくださった、
42人のイラストレーターの
みなさんをご紹介させてください。
素敵なイラスト
ありがとうございました！

---

yaman**
●表紙

今回担当したドゥルガーですが、自分が見てきた恐ろしいドゥルガー像とは別のイメージにしてみました。腕がたくさんあるということは、かえって色気が増すのでは？　と思い、ミステリアスでセクシーなドゥルガーにしてみたので、気に入っていただけたら幸いです。

pixiv ページ
https://www.pixiv.net/member.php?id=3043057

C-SHOW
●巻頭・巻末コミック
●案内キャラクター
●ラクシュミー
(p27)

コミックとナビキャラ、それからラクシュミ様を描かせていただきました。オープニングのコミック冒頭、マタンギのファンがコール＆レスポンスで叫んでいる「薩婆訶（ソワカ）ー！」は、原作の寺田さん曰く「供物」の意味があるんだそうです。知らんがな。

おたべや
http://www.otabeya.com/

湖湘七巳
●扉イラスト
●カットイラスト

扉カットなど色々描かせていただきました、湖湘七巳と申します。
色々な女神様のちびキャラも描けてとても楽しかったでした！
サラスヴァティーさんやカーリーさんも描けて幸せ！

極楽浄土彼岸へ遙こそ
http://shichimi.la.coocan.jp/

Byte
●パールヴァティー
(p25)

インド神の中でパールヴァティーが一番好きなので担当出来てとても嬉しく思います。

pixiv ページ
https://www.pixiv.net/member.php?id=2335832

明地雫
あけち しずく

●ラートリー
(p33)

インド神話はなんとなく齧ってはいましたが、ラートリーは存じてなかったので『太陽（我が子）を抱きしめると消えてしまう』という設定を今回知り、なんとドラマチックな‼（泣）と感銘しました。
そんな夜の女神の、愛しさと切なさと心強さとバブ味が感じて頂けたら僭越ながら幸いです。

pixiv ページ

https://pixiv.me/aketi_0701

みそおかゆ

●ガンガー（p35）

「ガンガー」を担当させていただきましたみそおかゆです。ガンジス川の女神で、母なるガンガーと呼ばれワニに乗っているそうです。母性のある年上の少しおちゃめなお姉さんの絵に仕上がったと思います。広大な川は見る機会がありませんのでガンジス川行って見たいですね。

みそおかゆなべ

http://misookayu.tumblr.com/

かんとり

●プリティヴィー
(p37)

「かんとり」申します。
プリティヴィーはメス牛の姿になったりするらしいのでオッパイを大きく描くのは責務です。乳牛ということなら搾乳機を描くことも責務です。プリティヴィーは雌牛オッパイの女神様と理解しました。

pixiv ページ

https://pixiv.me/needlegarden

しばたらい

●ヴァーチュ
(p41)

はじめまして、しばたらいと申します。
今回、ヴァーチュのイラストを担当させていただきました。ヴァーチュに関する言葉、音楽からアイドル風に仕上げさせていただきました。宇宙にも関するとのことで、背景は古代インドの宇宙観を膨らませました。

pixiv ページ

https://www.pixiv.net/member.php?id=1294941

かがちさく

●シュリー（p45）

資料に目を通しながらスケッチしていたら蓮の写真を見ていたということもあってか、髪にピンクを置いており、ピンク髪は〜のフレーズを思い出したのは着彩中でした。
数多くの男性を射止めた妖艶な女神様になっていれば幸いです。

もふまる屋

http://mofumaruya.com/

湯浅彬
ゆあさあきら

●スヴァーハー
(p47)

湯浅彬と申します。今回はスヴァーハーを担当させて頂きました。ひたむきにアグニを想う気持ちや、聖仙の妻たちへの気遣いなど表現できるように頑張りました。鳥に変身して飛び立つとかロマンだ…と感じたので、その辺りの萌えを詰め込んであります。見てくださった方にもそれが伝わると嬉しいです。

pixiv ページ

https://www.pixiv.net/member.php?id=6349003

アイゴンデロガ
●ヤミー（p49）

今回はヤミーのイラストを担当させていただきました。
セクシーに、それでいて儚げに、さらにエスニックな雰囲気にと、いろいろ盛り込もうとしました。
今後とも頑張っていきます。よろしくお願いいたします。

pixiv ページ
https://www.pixiv.net/member.php?id=15987440

さゆきの
●ニルリティ
（p51）

死を象徴する女神ということでそれっぽさを出すよう努めました。
女神自体の情報があまり無かった分、わりと好き勝手に楽しく描けたように思います。
アイコンは女神様の御足で顔が見えなくなった骸骨さん。死んだら女神を抱え上げる骸骨になりたい。

pixiv ページ
https://www.pixiv.net/member.php?id=3134779

みずやなお
●スラーデーヴィー
（p53）

お酒の神様スラーデーヴィーを描かせていただきました。資料の少ない神様でしたが、自分なりに様々な要素を盛り込めたと思います。
気に入って興味を持っていただけたら幸いです。

pixiv ページ
https://www.pixiv.net/member.php?id=159206

ムロク
●カドルー（p57）

こんにちは！ムロクです。
カドルーという女神を描かせてもらいました。
個人的にすごくいい表情に描けたと思っているので是非とも見てください…！
今回もありがとうございました。

ムツ。
http://muroku996.wixsite.com/muttu

TOH.
●ヴィナター
（p59）

初めまして、TOH. と申します。
普段はソーシャルゲームやTCGなど描いています。
こちらでは、ヴィナターを描かせて頂くにあたってせっかくなので神話で関わりのあるカドルーも描かせて頂きました。二人の対比は描いていてとても楽しかったです。

pixiv ページ
https://www.pixiv.net/member.php?id=900814

かまた
●サティー（p61）

はじめまして、かまたと申します。
「女神らしさってなんだろう…」って考えた結果「薄着…かな…」という結論に至りました。すいません。
サティーの幸せそうな雰囲気が少しでも出せていれば幸いです。

-

河内やまと
かわち
●スラサー (p63)

スラサー……誰それ!? いう感じで非常に資料が少なく苦労しましたが、最終的には好き勝手にデザインした服を描けたので大満足でございました！

んこみみ
http://kawachiyamato.tumblr.com/

ケルンツ
●ヴィダートリ＆
ダートリ (p65)

初めまして。ヴィダートリ＆ダートリのイラストを担当させて頂きました。
容姿の詳細が分からない神様だったので、デザインも含めてのイラストだから責任重大だな…と思いながら描いていました。キラキラを楽しんで頂けていたら幸いです。

68M
http://68monkey.web.fc2.com/

pica
ぴか
●ブーミ (p67)

『地球そのもの、母なる大地』ということで、母性溢れる女性になるように頑張りました。今回も好きな要素をふんだんに盛り込んだイラストを描かせて頂けてとても楽しかったです。ありがとうございました！

pixiv ページ
https://www.pixiv.net/member.php?id=16764978

闇あくあ
うるう
●ムリトゥユ
(p69)

ムリトゥユを担当させていただきました。

命を奪う使命に嫌々ながら涙…切ないけどめちゃかわいいですね…。

pixiv ページ
https://www.pixiv.net/member.php?id=4057947

大山ひろ太
ひろやま   た
●チャームンダー
(p71)

【チャームンダー】を担当させて頂いた大山と申します。
今回初めてチャームンダーという神様を知りとても好きになりました。
死を司るこの女神さまを少しでも表現できていれば嬉しいです。

pixiv ページ
https://pixiv.me/sentaro-mm

オノメシン
●スラビ (p75)

スラビ様は元は牛の体に人間の首をつけたようなお姿なのでせめて下半身を牛にすべきかと迷いましたが、太ももが描きたかったので人間型になりました。

弾丸ハニィ
http://mauishook.blog.fc2.com/

ぷち

●ラティ（p79）

ラティを担当させていただきました、ぷちと申します。ラティは愛や、性のシンボルとの事だったのでエッチな感じの身体をイメージして描きました！夫への一途な愛情が可愛かったので顔を少し童顔にしてみました。

pixiv ページ
https://pixiv.me/putimaxi

蓮禾 <ruby>蓮<rt>れん</rt></ruby><ruby>禾<rt>か</rt></ruby>

●ドゥルガー（p85）

今回はドゥルガーを担当させて頂きました。美しさと力強さ、両方を表現出来たらいいなと思いながら描いています。褐色で黒髪というキャラは個人的に好きなテイストなので描いていてとても楽しかったです。あとはあれですね、女の子と猛獣の組み合わせってすごくいいですよね。

Renka Art works collection
https://renkahasunogi.tumblr.com

ヤグラヨウ

●カーリー（p87）

カーリーを担当させていただきましたヤグラヨウです。青肌は好きですがなかなかお仕事や趣味でも描く機会が無かったのでとっても満足です。でも褐色肌の方がもーっと好きです。

オルターエゴ
https://alteregobarsu.wixsite.com/yagurayoh

きゃっとべる

●トリプラスンダリー（p89）

おはようございます、きゃっとべるです。
「美と三都の女神」と讃えられる女神様ですが彼女を歌った賛美歌もあるそうで「美しい体に宝石や花が色とりどりに飾られている」とうたわれているとか。ふむ。「美」とは、「美しさ…」とは…と深くメイソウするのでありました。

HAPPY CLOVER
http://nekomiko.com/

KAZTO FURUYA <ruby>KAZTO FURUYA<rt>かずとふるや</rt></ruby>

●マータンギー（p91）

ご覧頂きありがとうございます！　今回はインドの女神様ということで、オリエンタルなイメージをダークなテーマに混合させる難しさがありました。なるべく分かりやすい絵にしたかったので、多腕のポーズ等苦労しましたがとても楽しんで描くことができました！

pixiv ページ
https://www.pixiv.net/member.php?id=5834305

BRLL <ruby>BRLL<rt>ばーる</rt></ruby>

●ターラー（p93）

ターラー神描かせて頂きました。
解毒作用のある母乳を出せるすごい神です。
母乳ですよ母乳(ﾟ∀ﾟ)o彡゜

pixiv ページ
https://www.pixiv.net/member.php?id=1704605

冬月走
とうつきかける

●ウマー（p95）

今回ウマーのイラストを担当させて頂きました。冬月 走 (とうつき かける) と申します。普段は、制服や花などをモチーフのイラストを描いているため、今回あまり描かないテイストのイラストのご依頼でしたが、楽しく描かせて頂きました。今後こういったモチーフにも挑戦していきたいと思いました。

ユキノオト

http://yukinooto7227.wixsite.com/yukinooto

ほぺぺ

●シーター（p97）

初めましてほぺぺと申します。今回描いた女神さまは自分もゲームでよく知っている女神さまでしたので、お話が来た際にすごくテンションが上がりました！ イメージに引っ張られずジト目とかおっぱいとか描きたかったものたくさん詰め込めましたので満足です！ ありがとうございました !!!

ほぺぺん

https://hopepene.tumblr.com/

Hirno
ひるの

●ドラウパディー（p99）

どうも、Hirno（ひるの）です。今回はアルジュナの嫁、ドラウパディーを描かせて頂きました。アルジュナの嫁って言っても五人と結婚してるわけなんですが、なんて逆ハーレム！ ところでインド神話って人物の名前覚えづらくないですか？

pixiv ページ

https://www.pixiv.net/member.php?id=17289

マグカップ

●ルクミニー（p101）

こんにちはマグカップです。ルクミニーでは手足のヘナタトゥーを明るくして少女のイメージに合うようにしてみました。インドの雰囲気を残しつつ美少女を描くのが難しくもあり、楽しくもあったそんな作品に仕上がりました。

MUG-WORKS

https://mugcuphome.jimdo.com/

ごまし

●ヨーギニー（p105）

ツリ目、黒髪、褐色肌…最高。
ヨーギニーは超能力を使う魔女ということで、セクシーな感じといたずらっぽさが共存する見た目を目指して描いてみました。

地下研究所

http://uglab.tumblr.com/

しかげなぎ

●クマリ（p107）
●カットイラスト

クマリちゃんとかカットとか描かせていただきました。この指定をいただいて「あっクマリ…こないだテレビで見たような…？」ってなったので本当にびっくりしました。ちょうど少し前に新しく選ばれたクマリが話題になっててタイムリーでした。世の中ひろいなって。

SUGAR CUBE DOLL

http://www2u.biglobe.ne.jp/~nagi-s/

皐月メイ

●ボノビビ（p109）

こんにちは皐月メイです。今回はボノビビを描かせていただきました。ボノビビが乗っているトラの正体は悪魔ドッキュライでした。最初はボノビビから逃れる隙を伺うドッキュライだけど、いつの間にかボノビビに絆されていって文句を言いつつも、ずっと一緒にいる…って展開になったら萌えませんか？

pixiv ページ

https://www.pixiv.net/member.php?id=381843

イトネコウタ

●パッティニ
（p111）

子供の守護神と疫病神という難しいキーワード、そして素直に胸のない子が描きたいという気持ちが合わさった結果、悪ガキ婦警さんになりました。
子供と一緒に遊んでくれるいいお姉さんです。きっとそうです。

pixiv ページ

https://www.pixiv.net/member.php?id=2856718

この本を製作したスタッフを紹介しますです！

ほぇ～、こんなにたくさんの人が、この本を作ってるんだねぇ。

みんなの力で紹介してきたインド神話の世界、楽しんでいただけましたか？

萌える！インド神話の女神事典 staff

著者	TEAS 事務所
監修	寺田とものり
テキスト	岩田和義（TEAS 事務所）
	岩下宜史（TEAS 事務所）
	たけしな竜美
	朱鷺田祐介
	内田保孝
	村岡修子
	鷹海和秀
協力	當山寛人
本文デザイン	神田美智子
カバーデザイン	筑城理江子

ティカ

●サラスヴァティー
(p23)

pixiv ページ

https://www.pixiv.net/member.php?id=4956856

リリスラウダ

●ウシャス（p31）

リリスラウダ研究所

http://llauda.sakura.ne.jp/

花ヶ田

（はなけだ）

●アディティ
(p39)

pixiv ページ

https://www.pixiv.net/member.php?id=1813972

邑

（むら）

●シャチー（p43）

pixiv ページ

https://www.pixiv.net/member.php?id=15132367

ツキリラン

●サンジュニャー
(p73)

pixiv ページ

https://www.pixiv.net/member.php?id=321155

あさふぃむ

●シャクティ
(p77)

pixiv ページ

https://www.pixiv.net/member.php?id=1001220

ねえラクシュミー、
たしかこの本を作っている
TEAS 事務所という人間たちが、
ホームページや「ツイッター」を
運営しているという話があったよね。
あれってどこだったかな。

もう、ヴィシュヌ様ったら
忘れっぽいんですから。
http://www.studio-teas.co.jp/
https://twitter.com/studioTEAS
こちらになります。
ちゃんとブックマークして
おかないとダメですよ♡

おーおー、お熱いことですな〜。独り身には目の毒だよ。
私もファンのみんなに癒されに行ってこようかな〜。

■主要参考資料

●参考書籍

『Dictionary of Gods and Goddesses,Devils and Demons』Manfred Lurker 著（Routledge）

『Dictionary of Hindu Lore and Legend』Anna L. Dallapiccola 著（A Thames & Hudson book）

『Making Virtuous Daughters and Wives』June McDaniel 著（SUNY Press）

『Tantric Visions of the Divine Feminine: The Ten Mahavidyas』David Kinsley 著（University of California Press）

『The Mahabharata Book 1:Adi Parva』Kisari Mohan Ganguli 著（BiblioLife）

『アジア女神大全』吉村敦彦、松村一男 編著 著（青土社）

『生き神の思想史』小澤浩 著（岩波書店）

『インテグラル・ヨーガ パタンジャリのヨーガ・スートラ』スワミ・サッチダーナンダ 著／伊藤久子 訳（めるくまーる）

『インド宇宙論大全』定方晟 著（春秋社）

『インドおもしろ不思議図鑑』松本栄一、宮本久義 編（新潮社）

『インド神々の事典 ヒンドゥーの神話世界を読み解く』佐藤和彦 著（学研プラス）

『インド考古学の新発見』B.K. ターパル 著／小西正捷、小磯学 訳（雄山閣）

『インド神話』上村勝彦 著（東京書籍）

『インド神話』ヴェロニカ・イオンズ 著／酒井伝六 訳（青土社）

『インド神話図鑑』KZ 和神 著（光栄）

『インド神話伝説辞典』菅沼晃 著（東京堂出版）

『インド神話入門』長谷川明 著（新潮社）

『インド神話 マハーバーラタの神々』上村勝彦 著（筑摩書房）

『インド動物物語』西岡直樹 著（平凡社）

『インドの神々』斎藤昭俊 著（吉川弘文館）

『インドの時代 豊かさと苦悩の幕開け』中島岳志 著（新潮社）

『インドの神話 今も生きている神々（世界の神話 6）』田中於菟彌 著（筑摩書房）

『インドの神話』マッソン・ウルセル,ルイーズ・モラン 著／美田稔 訳（みすず書房）

『インドの神話伝説 1 ～ 2（世界神話伝説大系 13 ～ 14）』馬場睦夫 編（名著普及会）

『インドの昔話（上）』坂田貞二、前田式子 訳（春秋社）

『インド不思議研究 発毛剤から性愛の奥義まで』山田和 著（平凡社）

『インド密教（シリーズ密教）』立川武蔵、頼富本宏 編（春秋社）

『ヴィジュアル版 世界の神話百科 東洋編 エジプトからインド、中国まで』レイチェル・ストーム／前田龍彦 監修／山本史郎、山本泰子 訳（原書房）

『ウパニシャッド 翻訳および解説』湯田豊 著（大東出版社）

『絵を見て話せるタビトモ会話 インド』大田垣晴子 画文（JTB パブリッシング）

『おひさまをほしがったハヌマン』A. ラマチャンドラン 著／松居直 訳（福音館書店）

『神の文化史事典』松村一男、平藤喜久子、山田仁史 編（白水社）

『完訳 カーマ・スートラ』ヴァーツヤーヤナ 著／岩本裕 訳（平凡社）

『完訳 バガヴァッド・ギーター』鎧淳 訳（中公文庫）

『偽装されたインドの神々 ヴェーダに隠された謎』佐藤任 著（出帆新社）

『原典訳 マハーバーラタ 1 ～ 8 巻』上村勝彦 訳（筑摩書房）

『知っておきたい 世界の女神・天女・鬼女』金光仁三郎 著（西東社）

『宗教の世界史 2 ヒンドゥーの歴史』立川武蔵 著（山川出版社）

『新訳 ラーマーヤナ 1 ～ 7 巻』ヴァールミーキ 著／中村了昭 訳（平凡社）

『神話と近親相姦』吉田敦彦 著（青土社）

『神話と芸能のインド 神々を演じる人々』鈴木正崇 著（山川出版社）

『性愛奥義 官能の「カーマ・スートラ」解説』植島啓司 著（講談社）

『世界古典文学全集 3 巻 ヴェーダ アヴェスター』辻直四郎 訳者代表（筑摩書房）

『世界神話事典』大林太良、吉田敦彦、ほか 2 名 編（角川書店）

『世界神話伝説大事典』篠田知和基、丸山顯徳 編（勉誠出版）

『世界の怪物・神獣事典』キャロル・ローズ 著／松村一男 監訳（原書房）

『世界の食文化 8 インド』小磯千尋、小磯学 著（農山漁村文化協会）

『世界の神話大図鑑』佐藤俊之 監修（PHP 研究所）

『世界の妖精・妖怪事典』キャロル・ローズ 著／松村一男 監訳（原書房）

『世界文学全集 第 3 集 第 2 ヴァールミーキ ラーマーヤナ』ヴァールミーキ 著／阿部知二 訳（河出書房新社）

『世界女神大事典』松村一男、沖田瑞穂、森雅子 編（原書房）

『世界を動かす聖者たち グローバル時代のカリスマ』井田克征 著（平凡社）

『大王と馬のそなえもの インド神話伝説集』中川正文 編著（小峰書店）

『筑摩世界文学大系 9 インド アラビア ペルシア集』辻直四郎、蒲生礼一 訳者代表（筑摩書房）

『筑摩世界文学大系 3』プラトン 著田中美知太郎 訳（筑摩書房）

『中世インドの神秘思想』M. ヘーダエートゥッラ 著 宮元啓一 訳（刀水書房）

『ぢぢるる旅行記（総集編）』ねこぢる 著（青林堂）

『できるかなクアトロ』西原理恵子 著（角川書店）

『天空の世界神話』篠田知和基 編（八坂書房）

『天使辞典』グスタフ・デイヴィッドソン 著／吉永進一 監修（創元社）

『バガヴァッド・ギーターの世界 ヒンドゥー教の救済』上村勝彦 著（日本放送出版協会）

『バガヴァッド・ギーター』上村勝彦 訳（岩波文庫）

『バーガヴァタ・プラーナ 中 全訳 クリシュナ神の物語（2）』美莉亜 訳（ブイツーソリューション）

『ビジュアル版 カーマストラの世界』ランス・デイン 著／山下博司 訳（東洋経済）

『ビジュアル行 第三の性』石川武志 著（青弓社）

『ビックリ！ インド人の頭の中 超論理思考を読む』宮元啓一、石飛道子 著（講談社）

『ヒンドゥー教（21 世紀をひらく世界の宗教シリーズ）』シベール・シャタック 著／日野紹運 訳（春秋社）

『ヒンドゥー教 インドの聖と俗』森本達雄 著（中央公論新社）

『ヒンドゥー教（シリーズ 世界の宗教）』マドゥ・バザーズ・ワング 著／山口泰司 訳（青土社）

『ヒンドゥー教の事典』橋本泰元、宮本久義、山下博司 著（東京堂出版）

『ヒンドゥー教の聖典 二篇 ギータ・ゴーヴィンダ デーヴィー・マーハートミャ』小倉泰、横地優子 著（平凡社）

『ヒンドゥー教の本 インド神話が語る宇宙的覚醒への道』学研編集部 著（学研プラス）

『ヒンドゥー神話の神々』立川武蔵 著（せりか書房）

『ヒンドゥーの神々』立川武蔵 著（せりか書房）

『不可触民と現代インド』山際素男 著（光文社）

『不可触民の道 インド民衆のなかへ』山際素男 著（光文社）

『不可触民 もうひとつのインド』山際素男 著（光文社）

『仏教を彩る 女神図鑑』西上青曜 著（朱鷺書房）

『マヌの法典』田辺繁子 訳（岩波書店）

『マハーバーラタ 1 ～ 9 巻』山際素男訳（三一書房）

『マハーバーラタ（上・中・下 巻）』C. ラージャーゴーパーラーチャリ 著奈良毅、田中嫺玉 訳（第三文明社）

『マハーバーラタの神話学』沖田瑞穂 著（弘文堂）

『マハーバーラタの世界』前川輝光 著（めこん）

『女神たちのインド』立川武蔵 著（せりか書房）

『ヨーギニー寺院 ～インド・シンボリズムへの旅～』近藤譲 著（KONDO Yuzuru）

●参考映像作品

『Jai Santoshi Maa (1975 年)』

『Jai Santoshi Maa (2006 年)』

●参考論文

A Superhit GoddessJai Santoshi Maa and Caste Hierarchy in Indian Films ／ Philip Lutgendorf 著

A 'Made to Satisfaction Goddess' Jai Santoshi Maa Revisited ／ Philip Lutgendorf 著

『Indian Folklife No.28』"Bonbibi:Bridging worlds" Annu Jalais 著

Shakti Versus Sati ?A Reading of TheSantosh Ma Cult ／ Veena Das 著

印度學佛教學研究 Vol. 58 (2009-2010) ネパールにおけるクマリ崇拝について／前田知廣 著

印度學佛教學研究第 28 巻第 1 号「インドの女神信仰 - 七人の女神 -」／斎藤昭俊 著

九州大学成果文献 遠藤周作『深い河』における悪の問題／緒方秀樹 著

書評一 ガナナート・オベーセーカラ著『パッティニ女神の祭祀』／渋谷利雄 著

特別研修員論文 スリランカ・シンハラ仏教徒の儀礼のなかの白色／早川恵里子 著

南アジア 17 スリランカ 民衆の娯楽と支配者の娯楽／中村尚司 著

乳海攪拌神話とラグナロク／沖田瑞穂 著

●参考ウェブサイト

Jai Santoshi Maa

『Sarala Mahabharat』B.N.Patnaik "THE STORY OF ALAKSHMI"

The Mahabharata

THE 世界遺産 2013 年 1 月 27 日放送「追跡！幻のベンガルトラ 世界最大のマングローブ林」

天河神社

萌える！ インド神話の女神事典

2018 年 1 月 31 日 初版発行

著者　　　TEAS 事務所
発行人　　松下大介
発行所　　株式会社 ホビージャパン
〒 151-0053　東京都渋谷区代々木 2-15-8
電話　　　03（5304）7602（編集）
　　　　　03（5304）9112（営業）

印刷所　　株式会社廣済堂

乱丁・落丁（本のページの順序の間違いや抜け落ち）は購入された店舗
名を明記して当社パブリッシングサービス課までお送りください。
送料は当社負担でお取り替えいたします。
但し、古書店で購入したものについてはお取り替えできません。

禁無断転載・複製

ISBN978-4-7986-1592-9 C0076